# GRANDES ÍDOLOS DO
# SANTOS

Dados Internacionais de Catalogação na Publicação (CIP)
(Câmara Brasileira do Livro, SP, Brasil)

Martinez, André
   Grandes ídolos do Santos / André Martinez. --
1. ed. -- São Paulo : Ícone, 2011. --
(Coleção grandes ídolos do futebol)

   Bibliografia.
   ISBN 978-85-274-1154-7

   1. Jornalismo esportivo - Brasil 2. Santos
Futebol Clube - História I. Título. II. Série.

10-11713                              CDD-796.3340608161

Índices para catálogo sistemático:

1. Santos Futebol Clube : São Paulo : Estado :
      História    796.3340608161

# GRANDES ÍDOLOS DO
# SANTOS

André Martinez

Coleção Grandes Ídolos do Futebol

1ª edição
Brasil – 2011

© Copyright 2011.
Ícone Editora Ltda.

**Coleção Grandes Ídolos do Futebol**

**Projeto gráfico, capa e diagramação**
Richard Veiga

**Revisão**
Claudia Cristina de Souza
Marsely De Marco Dantas

Proibida a reprodução total ou parcial desta obra,
de qualquer forma ou meio eletrônico, mecânico,
inclusive através de processos xerográficos, sem
permissão expressa do editor (Lei nº 9.610/98).

Todos os direitos reservados pela
**ÍCONE EDITORA LTDA.**
Rua Anhanguera, 56 – Barra Funda
CEP 01135-000 – São Paulo – SP
Tel./Fax.: (11) 3392-7771
www.iconeeditora.com.br
e-mail: iconevendas@iconeeditora.com.br

## PREFÁCIO

### Tarefa difícil

Como escolher dez grandes ídolos em meio a uma autêntica constelação de heróis? Tarefa difícil, mas ao mesmo tempo muito prazerosa. Afinal de contas, quem não gosta de viajar pela história dos maiores clubes de futebol do Brasil e do mundo sabendo um pouco mais a respeito de seus maiores ídolos? Quem não admira os grandes feitos dos "artistas da bola" que fizeram a epopeia máxima de seu clube de coração por sua raça, determinação e amor à camisa?

Esses mesmos heróis fazem parte do nosso dia a dia, pois diariamente são comentados nas rodas de amigos, nos bares de esquina, nas várias atividades profissionais, nas escolas ou simplesmente no imaginário de cada torcedor, mesmo que seu futebol mágico já esteja num passado distante e glorioso.

Um ídolo de verdade não morre e nunca será esquecido. Ele é sempre imortalizado, colocado à frente das emoções e das frustrações. Algumas vezes de forma até irracional, é verdade. Mas fazer o quê? Afinal de contas, ídolo é ídolo e pronto!

Quem nunca se emocionou com esse super-herói? Quem nunca vibrou com uma jogada maravilhosa? Um gol de placa? Ou simplesmente com sua presença em campo? Quem nunca sonhou em um dia estar ao lado de seu ídolo do futebol? Tais sentimentos começam quando crianças, mas duram a eternidade. Quanta felicidade o futebol traz para a vida da gente!

Certamente nem todos concordarão com os ídolos abordados neste livro; muitas vezes, aquele que foi épico para um, não foi para o outro e vice-versa. Já ouvi até mesmo dizer que Pelé não jogava nada, que Maradona não sabia marcar gols e que Garrincha era enganação; enfim, vai entender? A série Top 10 vem exatamente para acalorar essa polêmica. O livro chega para ser motivo de debates entre torcedores, rivais ou não rivais, cujos ídolos possam ser relembrados e exaltados por aqueles que fazem o espetáculo do futebol nas arquibancadas – a torcida.

Peço desculpas caso alguém não concorde com um ídolo aqui presente ou sinta a falta de algum outro nome, mas como disse anteriormente, o futebol é polêmico e discutível, o que mostra toda a magia do esporte bretão mais popular do mundo.

Desta forma, só tenho que desejar a todos vocês uma ótima viagem ao mundo desses grandes e eternos ídolos da história do futebol mundial. Boa leitura e boa discussão!

André Martinez

Estou à disposição para críticas, debates, sugestões ou simplesmente um bate-papo no e-mail: algmartinez@bol.com.br

## ÍNDICE

Pelé . . . . . . . . . . . . . . . . . . . . . . 9
Carlos Alberto Torres . . . . . . . . . . . . 35
Serginho Chulapa . . . . . . . . . . . . . . 44
Gilmar dos Santos Neves . . . . . . . . . 52
Mauro Ramos de Oliveira . . . . . . . . . 64
Pepe . . . . . . . . . . . . . . . . . . . . . 72
Coutinho . . . . . . . . . . . . . . . . . . . 86
Clodoaldo . . . . . . . . . . . . . . . . . . 97
Zito . . . . . . . . . . . . . . . . . . . . . . 106
Robinho . . . . . . . . . . . . . . . . . . . 116

Bibliografia . . . . . . . . . . . . . . . . . . 126

## PELÉ

De todos os atletas que já participaram de qualquer atividade esportiva no mundo todo, em qualquer época, o maior de todos foi, indubitavelmente, Edson Arantes do Nascimento, nascido em Três Corações, Minas Gerais, no dia 23 de outubro de 1940, mais conhecido como Pelé, um dos cidadãos mais populares do mundo.

O filho do senhor João Ramos do Nascimento, o popular Dondinho, e de dona Celeste Arantes do Nascimento, nasceu em uma quinta-feira, noite de lua cheia, quando, certamente, o menino que acabara de chegar ao mundo, estava virado para ela. Dondinho, que jogava futebol no Vasco da Gama de São Lourenço, em São Lourenço, uma pequena cidade mineira, não estava presente em Três Corações quando o menino Edson veio ao mundo, mas, assim que viu o filho pela primeira vez, já sentenciou o que hoje em dia sabemos muito bem: "Este será jogador de futebol!". Dondinho resolveu batizar o menino com o nome de Edson, em homenagem a Thomas Edison, que entre outras descobertas, foi o inventor da lâmpada.

O menino recebeu a alcunha de Pelé ainda garoto, no entanto, engana-se quem acha que esse foi o primeiro apelido de Edson, que foi registrado erroneamente pelo escrivão da cidade, escrevendo "Edison", errando também na data, dia 21 de outubro, em vez de 23. Pelé inicialmente recebeu o apelido de Edinho, passando depois para Edico, que, por sua vez, tornou-se Dico. O apelido pelo qual é reconhecido mundialmente até hoje – Pelé – entrou na vida do garoto graças a um goleiro chamado Bilé, da equipe em que Dondinho, o pai de Pelé, atuava. O pequeno Edson, admirado com as peripécias do goleiro, sempre que estava batendo bola com seus amiguinhos, defendendo o gol, fazia questão de defender a bola e gritar: Bilé! Mas a pronúncia dificultada pela pouca idade do menino, misturada com o tradicional sotaque mineiro, fazia com que soasse "Pilé".

A família Nascimento deixou a cidade mineira de Três Corações em 1945, quando Dondinho decidiu rumar para São Paulo, mais precisamente para a cidade de Bauru, a fim de jogar no Lusitana Futebol Clube (atual Bauru Atlético Clube) e, ao mesmo tempo, atuar como funcionário público. Em Bauru, o menino que dizia um dia querer ser igual a "Pilé", passou a ser chamado de Pelé.

Desde muito jovem, o pequeno Pelé já demonstrava todo seu amor pelo futebol, além do jeito com a bola nos pés – o que o diferenciava dos demais meninos. Tanto que, com apenas 10 anos de idade, montou seu primeiro time – o Sete de Setembro. Ao lado de seus amigos, preenchia álbuns de figurinha e vendia amendoins roubados dos vagões dos trens de carga da estrada de ferro Sorocabana –, que ficavam estacionados em Bauru –, para conseguir camisas e uma bola para o time.

A equipe do Sete Setembro tornou-se conhecida rapidamente, passando a ser atração na cidade, onde o menino Pelé se destacava, recebendo, logo em seguida, o primeiro cachê como profissional, a quantia de 4.500 réis para jogar contra o Ipiranguinha. Pelé jogou também no Ameriquinha, onde conquistou o título infantil da cidade de Bauru. Posteriormente, ingressou no Baquinho, clube formado pelo Bauru Atlético Clube para garotos de até 15 anos de idade.

Sua estreia foi no dia 29 de outubro de 1954, contra a equipe do Gérson França (equipe local da cidade de Bauru). O placar apontou um empate em 3x3. Na partida seguinte contra o São Paulo de Bauru, o então menino Edson, que mais tarde se tornaria Rei, começou a mostrar toda a sua nobreza ao marcar 7 gols na goleada do Baquinho por 21x0 no confronto. O Baquinho foi campeão da cidade em 1955, conquistando o direito de enfrentar o Flamengo em um torneio em São Paulo entre garotos de 15 a 18 anos. Contudo, os organizadores do torneio decidiram que ele não teria a menor graça se Pelé atuasse na linha de frente, na categoria de 15 anos, pois, segundo eles, ofuscaria os demais meninos. Na categoria de 18 anos, Pelé estava liberado para jogar na linha. Dessa forma, ele foi o goleiro entre os garotos de 15 anos e atacante entre os garotos de 18 anos. O Baquinho foi campeão nas duas categorias, com Pelé sendo o goleiro menos vazado na categoria de 15 anos e o artilheiro da categoria de 18 anos.

Como o menino Pelé já atuava como gente grande com a camisa do Baquinho, surgiram muitas equipes interessadas em sua contratação, entre elas, a equipe do Bangu, do Rio de Janeiro. O técnico Tim viajou a Bauru para tentar contratar o tal garoto que tanto sucesso fazia no Baquinho, porém se deu mal, pois a mãe de Pelé nem de longe pretendia que o filho fosse jogador de futebol, bem como o pai, que, após muitas decepções no esporte, também não fazia nenhuma questão. Resultado: Tim voltou para Moça Bonita sem o garoto craque.

Contudo, o destino de Pelé estava longe de terminar no futebol. Nove meses após a tentativa frustrada do Bangu, o técnico do Baquinho, Waldemar Brito, ex-atacante que havia defendido o Brasil na Copa do Mundo de 1934 na Itália, resolveu levar Pelé a Santos. Mas como convencer os pais do menino? Brito, que era muito amigo de Dondinho, conseguiu convencê-lo, assim como com dona Celeste, precisando de muito mais lábia para isso.

Pelé chegou à Vila Belmiro com apenas 15 anos de idade, assinando seu primeiro contrato com o clube no dia 6 de agosto de 1956. O Santos, antes da era Pelé, já era uma equipe de craques e detentora do título paulista do ano anterior.

De tanto falarem bem de Pelé, os dirigentes do clube insistiam em querer ver o tal menino jogar. Por isso, Pelé foi colocado pelo técnico Lula no time dos reservas em um coletivo. Na primeira bola que Pelé tocou, todos perceberam que ali estava brotando um grande craque. Ele fez jogadas maravilhosas em meio a atletas mais velhos e experientes, sendo muito elogiado pelo técnico Lula, que atestou com todas as letras que Pelé permaneceria no elenco. Os jogadores mais experientes do Santos, como Zito e Jair da Rosa Pinto, por exemplo, também ficaram muito empolgados com o garoto recém-contratado.

Pelé passou então a treinar na equipe juvenil, tornando-se, em pouco tempo, o grande nome entre os garotos. Ao mesmo tempo em que Pelé treinava nos juvenis, também auxiliava no coletivo dos profissionais, humilhando os mais experientes com seus dribles e jogadas desconcertantes, atitudes que irritavam os mais velhos, como o zagueiro Hélvio, por exemplo, que tentou agredir Pelé após ser literalmente humilhado com dribles e fintas desmoralizantes, mas Pelé, no alto de sua "molecagem", perdia-se nas gargalhadas. Pelé também acabou recebendo a alcunha de "Gasolina" do jogador Wilson, que espantado com sua forma, habilidade e rapidez, costumava gritar quando o jogador pegava na bola: "Corre, gasolina!". Pelé, que adorava o apelido, empolgava-se com a jogada.

Cada dia que passava, Pelé era cada vez mais considerado como craque. Mas os dirigentes do Santos achavam que ele poderia desenvolver o seu futebol de uma forma mais natural, caso não fosse pressionado da forma que era, já que muitos não esperavam a hora de ver Pelé como titular absoluto do time de cima, sendo apontado como grande estrela. A diretoria do Santos decidiu tentar outro clube para Pelé, em caráter de empréstimo, onde o jogador, ainda muito jovem, poderia atuar mais tranquilamente, longe das expectativas e pressões da Vila Belmiro. O clube conversou com o Vasco da Gama, mas o presidente bacalhau, Antônio Soares Calçada, não aceitou o jogador e ainda por cima caçoou de Pelé, afirmando não conhecer o menino, insistindo na pergunta: "– Quem é Pelé?" (mais tarde, saberia). Há uma lenda que diz que o então presidente do Santos, Athiê Jorge Cury (ex-goleiro do Santos na década de 20), chegou a oferecer Pelé para que Jânio Quadros o levasse ao Corinthians. Verdade ou mentira, o certo é que, posteriormente, Pelé teria certo "caso" com a equipe do Parque São Jorge, não de alegrias, mas de tristezas para os corintianos.

Dessa forma, Pelé permaneceu no Santos, e sua estreia no time principal foi no dia 7 de setembro de 1956, com apenas 16 anos de idade, contra a equipe do Corinthians de Santo André, no estádio Américo Guazelli, em Santo André. O garoto estava no banco de reservas, quando no segundo tempo, o atacante Del Vechio se contundiu, abrindo oportunidade para Pelé entrar em campo pela primeira vez com a camisa de titular do Peixe. O Santos venceu por impiedosos 7x1. Pelé, que havia entrado no decorrer da partida, logo na estreia, marcou seu primeiro gol com a camisa santista. O jornalista Ary Fortes, da Tribuna de Santos, descreveu o primeiro gol do Rei da seguinte forma: "Tite com lançamento já na área a Pelé. No meio de vários defensores contrários, atirou Pelé com sucesso, passando a pelota sob o corpo do guardião Zaluar". A bola havia passado por entre as pernas do goleiro Zaluar do Corinthians de Santo André, que teve a honra de tomar o primeiro gol de Pelé na história. Na realidade, existe uma controvérsia quanto à estreia de Pelé no time profissional do Santos, pois há quem diga que ela aconteceu pouco mais de uma semana antes, no dia 26 de agosto de 1956, no estádio Urbano Caldeira, contra o Clube Recreativo Vasco da Gama – o popular "Vasquinho" – em uma impiedosa goleada santista por 6x2, anotando Pelé dois tentos.

No Campeonato Paulista de 1956, o jogador recebe a oportunidade definitiva de se tornar titular do Santos. A contusão do jogador Vasconcelos, que fraturou a perna, fez com que o ainda menino Pelé fosse titular absoluto. No mesmo ano de sua primeira oportunidade como titular no time peixeiro, Pelé conquista também seu primeiro título como profissional – o Campeonato Paulista. A partir daí, Pelé nunca mais deixaria a equipe do Santos. Se alguém ainda tinha dúvidas que ele não conseguiria render no time principal com o mesmo futebol dos juvenis, devido à pressão, já não tinha mais. Pelé não era mais somente uma promessa que havia se tornado realidade, mas uma promessa que já havia virado craque. Posteriormente, viraria Rei.

Portanto, servir a seleção brasileira seria o caminho normal e natural das coisas, tanto que, em 1957, com apenas 16 anos de idade, o garoto foi convocado pelo técnico Sylvio Pirillo para a partida contra a Argentina, no dia 7 de julho de 1957, no estádio do Maracanã, em partida válida pela Copa Roca. O Brasil foi derrotado por 2x1, porém, o tento brasileiro foi anotado por Pelé, que além de balançar as redes adversárias pela primeira vez com a camisa amarelinha, debutava também no Maracanã. No mesmo ano de 1957, Pelé, aos 17 anos de idade, foi o mais jovem artilheiro de toda a história do Campeonato Paulista, anotando 17 tentos.

Em 1958, Pelé novamente conquista o Campeonato Paulista e consagra-se na artilharia do torneio com 58 gols, em 37 jogos – recorde que até hoje não foi quebrado. Ninguém conseguiu marcar tantos gols em uma única edição de Campeonato Paulista como ele.

O jogador foi um dos convocados pelo técnico Vicente Feola para a Copa do Mundo da Suécia em 1958. Porém, por pouco não disputa a Copa. A seleção brasileira realizou um amistoso de preparação para o mundial, contra o time do Corinthians, no estádio do Pacaembu, no dia 21 de maio de 1958, e este foi o último jogo antes do embarque do escrete canarinho para a Suécia. O Brasil goleou o Timão por 5x0, mas Pelé precisou ser substituído por Vavá, devido a uma forte entrada do zagueiro mosqueteiro Ari Clemente. Pelé, contundido, jogou uma praga no time do Corinthians, dizendo que o rival só voltaria a ser campeão quando ele parasse de jogar. Verdade ou mentira, a praga de Pelé deu resultado, pois o Corinthians só voltou a ser campeão no dia 13 de outubro de 1977, doze dias após a sua despedida dos gramados, em 1º de outubro de 1977, quando o Rei se despediu do futebol no New York Cosmos dos Estados Unidos.

A fila enfrentada pelo Corinthians, de 1954 a 1977, se deve muito a Pelé. A primeira vez que o jogador atuou contra o Corinthians foi no dia 11 de abril de 1957, em um amistoso disputado no estádio da Vila Belmiro. O Santos venceu o Corinthians por 5x3, anotando Pelé o quarto gol santista na peleja. Ele enfrentou o Corinthians em 50 oportunidades, anotando 51 gols, uma média de 1,02 gols por partida.

O homem forte da delegação brasileira na Suécia, Doutor Paulo Machado de Carvalho, "O Marechal da Vitória", bancou a convocação de Pelé para a Copa mesmo contundido. Graças ao zagueiro do Corinthians, Ari Clemente, o jogador permaneceu de fora das duas primeiras partidas do mundial.

A camisa 10 possui toda uma mística em torno dela, porém, na época anterior a Pelé, era apenas mais um número. Há algum tempo e, principalmente, nos dias de hoje, o camisa 10, seja em um time profissional, na várzea ou em um bate-bola qualquer, é, sempre designada ao melhor jogador do time: o craque. Esse estigma aconteceu graças ao que Pelé desempenhou, usando a camisa 10 nas costas. Mas por pouco, o jogador deixou de usar o tão tradicional número na Copa de 1958, usando-o somente por sorte. Tudo aconteceu por uma confusão da CDB que enviou à FIFA a lista dos jogadores sem a numeração. Afoitamente, um dirigente uruguaio da entidade, momentos antes da estreia, fez uma gentileza para a CBD colocando ele próprio a numeração das camisas dos atletas, porém, equivocadamente, inscreveu o goleiro Gilmar com a camisa número 3, o ponta-direita Garrincha com a camisa 11 e o ponta-esquerda Zagallo com a camisa 7. O ponto positivo nessa confusão toda foi o uruguaio ter inscrito o jovem Pelé com a camisa 10.

O escrete canarinho estreou no mundial de 1958, no dia 8 de junho, contra a seleção da Áustria, no estádio Rimnersvallen, em Uddevalla. O Brasil fez bonito e venceu por 3x0, com dois gols de Mazzola e um de Nilton Santos. Na partida seguinte contra a Inglaterra, no dia 11 de junho de 1958, no estádio Nya Ullevi, em Gotemburgo, o ataque canarinho ficou em branco, não passando de um 0x0 bem morno. Na terceira partida do mundial, contra a temida União Soviética, novamente no estádio Nya Ullevi, no dia 15 de junho, o escrete canarinho entrou em campo com mudanças: Joel e Mazzola deixavam a equipe para a entrada de um garoto chamado Pelé e de um ponta-direita de pernas tortas chamado Garrincha. As entradas de Pelé e Garrincha no time titular aconteceram graças a uma comissão de líderes entre os jogadores, presentes Didi, Bellini e Nilton Santos, que conseguiram convencer o técnico Vicente Feola a escalar Pelé e Garrincha. O bonachão técnico temia em escalar um jovem de apenas 17 anos e não confiava no futebol de Garrincha, mas convencido pelos mais experientes, certamente, Feola não se arrependeu de ouvir a sugestão.

Antes da partida contra os russos, o chefe da delegação brasileira, Paulo Machado de Carvalho, recebeu um telefonema do então Presidente da República Juscelino Kubitschek, dizendo que seria muito importante para o seu governo uma vitória brasileira sobre os russos. Numa época de desenvolvimento do Brasil, sendo que o próprio presidente chegara a afirmar que faria 50 anos em 5, um triunfo sobre uma das maiores potências mundiais seria um fortalecimento muito grande da nação (e principalmente de seu governo) perante o mundo.

A seleção canarinho conseguiu agradar ao governo nacional, e muito disso se deve a Vavá, que mesmo com um corte de 7cm na canela, graças a uma entrada criminosa de um zagueiro russo "carniceiro", e com a meia empapada de sangue, continuou firme dentro de campo para marcar os 2 gols da vitória brasileira sobre o time da cortina de ferro. No primeiro tento, Vavá bateu forte na saída de Lev Yashin e no segundo tento o "Peito de Aço" dividiu firme com a defesa russa, tocando no canto direito do goleiro russo. O Brasil venceu a extinta União Soviética por 2x0, garantindo o primeiro lugar em seu grupo.

Nas quartas de final contra a equipe do País de Gales, em partida realizada no dia 19 de junho de 1958, no mesmo estádio Nya Ullevi, o gol da vitória do escrete canarinho saiu dos pés de Pelé, o primeiro gol foi do então garoto e candidato a rei numa Copa do Mundo. Didi toca de cabeça para Pelé no interior da grande área, o menino mata no peito e, de costas, dá um meio chapéu em seu marcador, a bola toca no chão. Na sequência, Pelé bate para o gol, travado com outro zagueiro, para o fundo das redes de Kelsey. O Brasil vencia a dura partida contra o País de Gales, com um gol que, segundo o próprio Pelé, foi o mais importante de sua carreira. Após o gol, uma legião de repórteres e fotógrafos invadiu o gramado para registrar a cena. Na partida semifinal contra os franceses, realizada no dia 24 de junho, no estádio Rasunda, em Estocolmo, o Brasil não fez por menos e despachou os franceses com uma goleada histórica de 5x2. Nessa partida, o garoto Pelé anotou "somente" 3 gols para o Brasil. Vavá e Didi completaram o placar, que foi descontado por Just Fointaine e Piantoni para a França.

A grande decisão seria no dia 29 de junho de 1958, no estádio Rasunda, em Estocolmo, contra os suecos, donos da casa e favoritos ao título. A Suécia, mesmo sem ser uma equipe arrasadora, chegava à decisão cheia de moral após desbancar a Alemanha Ocidental, que era a atual campeã do mundo nas semifinais, por 3x1. O Brasil voltava a uma decisão após 8 anos do "Maracanazo" (final perdida na decisão da Copa de 1950, em pleno Maracanã, contra o Uruguai por 2x1 de virada, diante de um público de 200 mil pessoas). A guerra da decisão começou antes da partida. Tanto o Brasil como a Suécia jogavam com uniformes totalmente iguais – camisas amarelas e calções azuis.

Os suecos não abriram mão de ter a chance de utilizar o seu uniforme tradicional, e fizeram questão de realizar um sorteio para definir quem utilizaria o seu uniforme principal. Para alegria dos donos da casa, num sorteio bastante duvidoso, os suecos conquistaram o direito de utilizar as suas camisas amarelas e os seus calções azuis. Ao Brasil restou a correria de encontrar uniformes com camisas azuis e calções brancos de um dia para o outro, mas, felizmente, o chefe da delegação brasileira, Doutor Paulo Machado de Carvalho, encontrou tal jogo de camisas junto a uma equipe local, que gentilmente as cedeu à seleção brasileira, precisando, às pressas, costurar o distintivo da CBD no uniforme. O Doutor Paulo Machado de Carvalho, como forma de amenizar o astral dos supersticiosos jogadores do Brasil, afirmou que gostaria mesmo de atuar de azul, pois era a cor do manto sagrado de Nossa Senhora Aparecida.

Na final realizada no dia 29 de junho de 1958, no estádio Solna, em Estocolmo, felizmente prevaleceu o futebol arte, cuja partida inesquecível na vida de Pelé e Garrincha foi vencida pelo Brasil por 5x2 que se sagrou, pela primeira vez, campeão mundial de futebol, conquistando a taça Jules Rimet. Os gols brasileiros foram assinalados por Pelé e Vavá, duas vezes cada, e por Zagallo. Liedholm e Simonsson descontaram para a seleção sueca. Os gols de Pelé aconteceram aos 11 e 44 minutos do segundo tempo respectivamente. O primeiro dos tentos marcados por Pelé foi um dos gols mais bonitos de todas as Copas do Mundo. Na grande área, o garoto recebe lançamento de Zagallo pela esquerda, mata no peito e aplica um memorável chapéu em seu marcador. Na sequência, sem deixar a bola cair no chão, de primeira, toca forte no canto direito do goleiro Svensson. No segundo gol, em novo lançamento de Zagallo pela esquerda, Pelé sobe de cabeça em meio à zaga sueca e encobre o goleiro Svensson. O Brasil conquista seu primeiro título mundial. Pelé é apresentado ao mundo como grande revelação da Copa. Ao término da partida, o novo Rei do Futebol se acaba em lágrimas, muito emocionado com o grande feito conquistado. O ainda menino Pelé chora abraçado com outra lenda viva do futebol mundial, o goleiro Gilmar dos Santos Neves. O rei sueco Gustavo Adolfo, quebrando totalmente o protocolo, desceu das tribunas para abraçar o Rei do Futebol. Pelé, que quando criança sonhava apenas em jogar como seu pai, conseguiu cumprir a promessa que ainda pequeno havia feito a Dondinho. Em 1950, quando o Brasil perdeu a Copa do Mundo para o Uruguai, em pleno Maracanã, o garoto Edson pediu ao pai que não se emocionasse, pois iria ganhar uma Copa do Mundo para ele. Dito e feito. Começava a surgir ali na Suécia, um reinado que perdura até hoje no futebol mundial, com vossa majestade o Rei Pelé!

No ano seguinte, em 1959, aos 19 anos de idade, Pelé, apesar de não parecer, é um cidadão como outro qualquer. Por isso, como um simples jovem mortal de sua idade, alistou-se no serviço militar. É verdade que o ato não foi de todo consentido por Pelé, já que havia sido obrigado a se alistar por um diretor do Santos, que pretendia com isso fazer com que o jogador desse um bom exemplo aos jovens da época. Pelé não gostava da dura vida de soldado, pois jogava à noite pelo Santos, dormia tarde e tinha que acordar cedo, logo às cinco da manhã. Ele confessou que essa experiência o marcou muito, tanto que até hoje, fica irritado quando precisa acordar cedo.

Pelé disputou e conquistou o Campeonato Brasileiro das forças armadas, defendendo a seleção do sexto grupo de artilharia de costa motorizado. Como o soldado 201, Pelé foi convocado pelas forças armadas para disputar o Campeonato Sul-Americano da categoria. Na partida final entre Brasil e Argentina, o escrete militar brasileiro, com o reforço de Pelé, sagrou – se campeão com a vitória de 2x1. Pelé atuando como militar anotou quinze gols.

Ainda em 1959, Pelé marcou o gol que, segundo ele, foi o mais bonito de toda a sua carreira. O Santos enfrentava o Juventus no estádio Rodolfo Crespi, na popular Rua Javari, no dia 8 de agosto de 1959, em partida válida pelo Campeonato Paulista. A partida apontava o placar de 3x0 para o Santos, quando, aos 42 minutos do segundo tempo, o Rei recebe passe pelo alto, do ponta Dorval, pela direita e, sem deixar a bola cair no chão, aplica um chapéu em cima de Homero. O lateral Julinho chega na cobertura e também leva um chapéu. O zagueiro Clóvis, "O Professor", tenta se antecipar à jogada, porém Pelé aplica outro chapéu sem deixar a bola cair no chão. Ainda sem deixar a bola tocar no gramado, Pelé mata na coxa e aplica novo chapéu em cima do goleiro Mão de Onça. Na sequência, toca de cabeça para o gol vazio.

A única coisa ruim do gol foi não haver nenhuma câmera no local para registrar o feito. Felizes dos 12.593 pagantes que puderam ser testemunhas oculares desse fato histórico. Atualmente, muito mais do que os quase 13 mil torcedores presentes no estádio juram de pés juntos que estavam naquele dia na Rua Javari. Se fosse realmente verdade, a rua precisaria ser o maior estádio do universo para abrigar tanta gente! Dizem também que foi nessa partida que Pelé, pela primeira, vez deu o "soco no ar" – comemoração que ficou caracterizada por ele, porém, foi inventado anteriormente pelo ídolo palmeirense Julinho Botelho.

Em 1959, Pelé foi novamente o artilheiro do Campeonato Paulista. Segue a lista das vezes em que Pelé foi o artilheiro máximo do Paulistão: 1957 (17 gols), 1958 (58 gols), 1959 (45 gols), 1960 (33 gols), 1961 (47 gols), 1962 (37 gols), 1963 (22 gols), 1964 (34 gols), 1965 (49 gols), 1968 (26 gols) e 1973 (11 gols). Em 1964, Pelé sentiu-se ameaçado em perder a artilharia do Paulistão, que lhe pertencia consecutivamente desde 1957. Dessa forma, resolveu marcar 8 gols na vitória do Santos sobre o Botafogo de Ribeirão Preto, na vitória por 11x0. O técnico da equipe do Botafogo, na época era Oswaldo Brandão que, após a impiedosa goleada, foi demitido do cargo. Na sequência, foi contratado pelo Corinthians. Sua estreia no dia 6 de dezembro de 1964, no estádio do Pacaembu, enfrentando justamente o Santos de Pelé e sofrendo nova goleada, dessa vez por 7x4. Pelé anotou 4 gols.

Na década de 60, o Santos de Pelé, com a sua hegemonia internacional, conquistou o título paulista em oito ocasiões: 1960, 61, 62, 64, 65, 67, 68 e 69. E foi exatamente na década de 60, que o Santos conquistou suas maiores glórias internacionais com a conquista da Taça Libertadores da América e do Mundial Interclubes de 1962 e 1963. Pelé foi decisivo, marcando gols em todas as partidas finais. Foi o artilheiro do mundial interclubes em 1962 com 3 gols e da Libertadores de 1963 com 11 gols.

Em 1962, aos 21 anos de idade, já aclamado como o maior jogador de futebol do mundo, Pelé recebeu nova oportunidade de disputar uma Copa do Mundo, dessa vez no Chile, sob o comando de Aymoré Moreira. Ele estreou no mundial, no dia 30 de maio de 1962, contra a seleção do México, no estádio de Sausalito, em Viña Del Mar. O Brasil venceu o México por 2x0 com gols de Pelé e de Zagallo. Na partida seguinte, realizada no mesmo estádio, contra a seleção da Tchecoslováquia, no dia 2 de junho, o Brasil passou o placar em branco, empatando em 0x0. Mas, pior do que isso, foi a contusão na virilha de Pelé, que o afastou do restante do mundial. Sorte do Brasil que encontrou em Amarildo um belo substituto para Pelé e em Garrincha, que conseguiu substituir à altura a genialidade do Rei, a fim de garantir o bicampeonato mundial da seleção canarinho.

No mesmo ano do bicampeonato mundial com a seleção canarinho, com a camisa do Santos, Pelé alcançou seu gol de número 500 no empate em 3x3, contra o São Paulo, no dia 2 de setembro de 1962.

Em 1965, Pelé marcou um gol de bicicleta, vestindo a camisa da seleção brasileira no amistoso realizado contra a Bélgica, no dia 2 de junho de 1965, no Maracanã, e o Brasil venceu por 5x0. Pelé anotou "somente" 3 tentos nesta partida. O Maracanã tornou-se o palco preferido do Rei, realizando inúmeras proezas, tanto que recebeu uma placa em homenagem a um golaço que marcou no estádio. Se muitos acreditam que o gol de Maradona, na Copa do México, em 1986, contra a Inglaterra foi o mais bonito que já houve no futebol é porque, certamente, não viram o gol anotado por Pelé no maior estádio do mundo. O Santos jogava contra o Fluminense em partida válida pelo torneio Rio-São Paulo, no dia 5 de março de 1961. O placar já apontava 1x0 para o time da Vila, quando Pelé recebeu a bola no meio-campo e começou a driblar todo mundo. O primeiro a ficar para trás foi Valdo, depois Edmilson e, na sequência, quem foi batido pela velocidade incrível de Pelé foi Clóvis. O zagueiro Pinheiro chegou junto na jogada e levou um drible da vaca de Pelé. O craque tocou a bola para um lado e correu do outro. O pobre Pinheiro ficou caído, sentado no chão. Numa última e desesperada tentativa, o lateral-direito Jair Marinho tentou também parar o Rei. Quanta pretensão!

Igualmente foi superado. Restava apenas à frente de Pelé, a grande lenda do gol, Castilho, para ser batido. Então, Pelé esperou Castilho sair do gol para tocar por baixo, finalizando a sua pintura – obra prima digna dos maiores gênios da humanidade. O gol de placa marcado por Pelé (o termo "Gol de Placa" foi alcunhado pelo jornalista Joelmir Beting), como não poderia deixar de ser, mereceu uma placa no Maracanã, oferecida pelo jornalista Mario Filho, um dos maiores ícones do jornalismo brasileiro, cujo nome batizou o Maracanã, e cujos dizeres foram: "Neste campo no dia 5-3-1961 PELÉ marcou o tento mais bonito da história do Maracanã".

Ainda em 1965, o presidente norte-americano Robert Kennedy, em visita ao Brasil, fez questão de conhecer e cumprimentar Pelé, que já era um cidadão do mundo. A rainha Elisabeth da Inglaterra também aplaudiu o Rei Pelé no Maracanã, em visita ao Brasil em 1968, convidando inclusive o craque para defender as cores do Liverpool. Em um encontro com outro presidente americano, Jimmy Carter, ouviu do mandatário mais importante do mundo na época: "Muito prazer, eu sou Jimmy Carter, você não precisa se apresentar, Pelé todo mundo conhece".

Pelé recebeu homenagens e honrarias em várias partes do planeta. Virou estátua na Índia, nome de rua no Uruguai, praça em Los Angeles e estádio no Irã. Recebeu o título de filho mais querido de Guadalajara e cidadão honorário de New Jersey. Foi um dos poucos cidadãos brasileiros agraciados com o título de "Sir" da Ordem do Império Britânico na categoria Knight Commander (KBE), em 1997 – o título completo em inglês é Knight Commander of the Order of the British Empire, que traduzido para português significa: "Comandante Cavaleiro da Ordem do Império Britânico". Esses são apenas alguns de seus muitos títulos e méritos conquistados ao longo da vida e da carreira, o que fazia e ainda faz de Pelé uma das pessoas mais populares e respeitadas do mundo todo. A ONU (Organização das Nações Unidas) então concedeu a Pelé o diploma de "Mérito de Cidadão do Mundo".

Aos 25 anos, em 1966, Pelé foi novamente convocado para uma Copa do Mundo, dessa vez na Inglaterra. Sob o comando de Vicente Feola, ele, mais uma vez, foi o grande nome da equipe que contava com a experiência de grandes bicampeões mundiais, como Gilmar, Bellini, Zito, Djalma Santos, Garrincha e o próprio Pelé. A certeza do tricampeonato era tão grande, que o então presidente da CBD, João Havelange, decidiu levar todos os louros da possível glória sozinho, diferentemente das Copas anteriores, quando foi um simples coadjuvante. Decidiu então cortar o "Marechal da Vitória" Doutor Paulo Machado de Carvalho, assumindo sozinho a chefia da delegação brasileira. A atitude egocêntrica de Havelange fez com que o Brasil realizasse um de seus maiores fracassos de todos os tempos, desde a Copa do Mundo em 1934, quando foi eliminado na primeira partida do mundial, após derrota por 3x1 para a Espanha, e a seleção não se apresentava tão mal.

Certamente, foi o maior fiasco da era Pelé. Tudo deu errado na Copa de 66 para o Brasil. A começar pelo período de preparação, quando os 44 jogadores foram politicamente convocados pela CBD, visando agradar a paulistas e cariocas. A bagunça foi tão grande, que a CBD convocou um jogador por engano: no lugar do zagueiro Ditão do Corinthians, a entidade convocou Ditão do Flamengo, que era irmão do Ditão corintiano.

O Brasil estreou no mundial da Inglaterra, no dia 12 de julho de 1966, contra a seleção da Bulgária, no estádio Goodison Park, em Liverpool. O Brasil venceu por 2x0, com gols de Pelé e Garrincha. Mas, infelizmente nesse mundial, além de tudo ter dado errado, a maior estrela do Brasil também não foi poupada. O Brasil, que na época, era o atual bicampeão do mundo, era o grande favorito à conquista do tricampeonato na terra da rainha. Por isso, as demais seleções decidiram adotar o futebol "força" para parar a habilidade do Rei. Contudo, o novo estilo de jogo das demais seleções passava muito mais do que força, sendo uma verdadeira carnificina. Pelé que o diga, pois, na partida de estreia do Brasil, permaneceu 12 minutos fora do campo, após uma entrada criminosa de um jogador búlgaro. Contundido e sem a mínima condição de continuar jogando, Pelé ficou de fora na derrota brasileira para a Hungria por 3x1, no dia 15 de julho de 1966, no mesmo estádio da estreia.

Na terceira partida do mundial, contra a surpreendente e já classificada à próxima fase – a seleção portuguesa do craque Eusébio –, Pelé, que já havia entrado em campo longe de suas reais condições, foi novamente perseguido pela violência dos adversários em campo. Nessa partida em especial, sofreu nas mãos dos zagueiros Morais e Vicente. Resultado: o craque novamente se contundiu e precisou ficar a partida inteira apenas fazendo número na ponta-esquerda, já que naquela época ainda não eram permitidas alterações em Copas do Mundo. O Brasil foi derrotado por 3x1, dando adeus ao mundial e ao tricampeonato.

O Santos da era Pelé deixou de ser uma equipe nacional para se apresentar em vários países do mundo. Ao todo, Pelé jogou com a equipe da Vila Belmiro em 66 países, e era a atração principal. Os jogadores santistas viviam mais dentro do avião do que em casa. Era uma época em que os convites para exibição em vários lugares do mundo eram abundantes. O respeito e a admiração que a equipe e, principalmente, Pelé possuíam no cenário internacional eram tão grandes, que o rei conseguia até parar guerras!

O Santos excursionava pela África do Sul em 1969, quando foi realizar uma partida no ex-Congo Belga – país que enfrentava uma terrível guerra civil entre as forças de Kinshasa (atual República Democrática do Congo) e Brazaville (atual Congo). Para chegar a Brazaville, a equipe foi obrigada a passar por Kinshasa, sendo escoltada por sua delegação até a fronteira de Brazaville que, por sua vez, realizou a mesma escolta até o local da partida. Após o jogo, aconteceu o inverso, porém, as forças de Kinshasa informaram à delegação santista que se quisessem deixar a região, seria necessário realizar também um amistoso contra uma equipe local. Obviamente que a delegação do Santos não recusou o "convite". Após a passagem de Pelé pela região, a triste e sangrenta batalha recomeçou. Em outra excursão do Santos à África, em Biafra (atual Rodésia), a presença da equipe e de Pelé conseguiram paralisar outra sangrenta guerra civil por dois dias, em que Biafra lutava contra o poder nigeriano. Na África, Pelé era adorado como um deus, sendo que vários pais chegaram a lhe oferecer suas filhas para que tivessem um descendente. Pelé também conseguiu cancelar touradas na Espanha. Em várias ocasiões, ele foi obrigado a jogar machucado, como por exemplo, em certa ocasião, no Sudão, quando precisou ser substituído no final do primeiro tempo. No entanto, a torcida local enfurecida exigiu o retorno de Pelé, ameaçando invadir o gramado para bater nos jogadores do Santos e destruir o estádio, colocando fogo em tudo. O Rei do Futebol, mesmo sem conseguiu tocar na bola, voltou ao gramado. Em outra oportunidade, jogando na Arábia Saudita, o sheik responsável pela presença do Santos no país, exigiu que Pelé fosse em seu palácio a fim de receber o cachê da equipe, e lá uma festa das mil e uma noites o aguardava ansiosamente. Em suas andanças pelo exterior, Pelé sempre era assunto nos principais órgãos de imprensa no mundo. Ele foi o primeiro esportista negro a ser capa da revista americana Life.

Com pouco mais de 13 anos de carreira, Pelé conseguiu a incrível marca de 1.000 gols. A façanha aconteceu no dia 19 de novembro de 1969, mas poderia ter acontecido antes, pois o craque havia marcado o gol de número 999 contra o time do Botafogo da Paraíba, em um amistoso na Paraíba, no dia 14 de novembro de 1969, na vitória santista por 3x0. Dizem que o treinador Santista Antoninho pediu ao então goleiro Jair Pessoa, o "Jairzão", simular uma contusão para que Pelé fosse ao gol, assim evitaria que o milésimo tento acontecesse fora do eixo Rio-São Paulo. Na partida seguinte, realizada contra o Bahia, no dia 16 de novembro de 1969, no estádio da Fonte Nova, o Rei esteve bem perto da marca, ao entrar na área baiana, driblar toda a defesa, driblar o goleiro e bater no gol vazio. Contudo, o zagueiro Nildo surge inacreditavelmente, salvando de carrinho em cima da risca. Os cerca de 40 mil torcedores presentes no estádio vaiaram o zagueiro, pois todos queriam que o milésimo gol saísse na Bahia. Mas os deuses do futebol quiseram que o milésimo saísse no maior palco futebolístico tupiniquim: o Maracanã. E o mágico momento aconteceu no dia 19 de novembro de 1969, às onze e onze da noite. A partida realizada contra o Vasco da Gama era válida pelo Torneio Roberto Gomes Pedrosa, cujo placar apontava o empate em 1x1. Pelé tentava, mas a bola parecia teimar em não entrar. Até chute no travessão, o Rei mandou. Mas, aos 33 minutos do segundo tempo, Pelé entra na área do Vasco e tenta driblar o zagueiro Fernando, que comete pênalti. O árbitro da partida, o alagoano Manoel Amaro de Lima, muito convicto, aponta a marca da cal. Pronto! Estava sendo desenhado o momento que seria eternizado na história mundial.

Pelé, mesmo com toda sua categoria e experiência, confessou que sentiu suas pernas tremerem antes da cobrança. Afinal de contas, a expectativa era muito grande em torno do momento. Mas estava marcado para acontecer. Pelé bateu com categoria no canto esquerdo do goleiro argentino Andrada, que se esforçou, mas não conseguiu impedir o milésimo gol do Rei. Na sequência, inconformado, o goleiro esmurrou o gramado, pois não queria que ficasse marcado na história como o goleiro que sofreu o gol de número mil do Rei do Futebol. Na comemoração ao milésimo gol, quando uma verdadeira legião de fotógrafos e jornalistas invadiu o gramado do maior estádio do mundo, o ídolo santista dedicou o gol às criancinhas do Brasil, declarando: "Pensem no Natal. Pensem nas criancinhas". Em seguida, o Rei vestiu uma camisa do Santos com o número mil às costas, dando uma volta olímpica ao redor do gramado do Maracanã. Nos vestiários, Pelé recebeu uma placa em comemoração ao gol de número mil.

Pelé era um jogador completo, pois conseguia realizar todas as jogadas e fundamentos do futebol com muita técnica. Chutava tanto de perna esquerda como de direita, na força ou na colocação. Saltava com grande impulsão, apesar dos seus apenas 1,72 metros de altura, marcando grandes gols de cabeça. Ganhava na força qualquer disputa de bola contra qualquer zagueiro adversário, apesar de pesar apenas 75 quilos. Suas arrancadas eram mortais. A velocidade do meia-atacante em disparada era algo inimaginável. Os dribles de Pelé eram coisas de cinema, todos os tipos possíveis, fintas, chapéus, canetas, meia-lua, enfim, a técnica e a habilidade de Pelé permitiam realizar qualquer tipo de drible em qualquer situação ou espaço no gramado. Até tabelar com a canela de seus adversários ele conseguia. O craque marcava gols de faltas e pênaltis. Aliás, Pelé foi um dos primeiros jogadores a utilizar a famosa "paradinha" nas penalidades máximas, sendo, certamente, quem a realizou com maior maestria e genialidade.

No gol, Pelé também era gênio. Ele substituiu goleiros santistas na meta peixeira (por motivo de expulsão ou contusão) em quatro ocasiões, atuando como arqueiro, 43 minutos ao todo, sem sofrer nenhum gol. Pelé gostava da posição. Nos rachões na Vila Belmiro, sempre atuava como goleiro. Dizem que a única coisa que Pelé não conseguiu realizar em sua carreira foi quebrar o recorde de seu pai Dondinho, que havia mostrado ao filho Pelé um recorte antigo de jornal dando conta de uma façanha sua como jogador, anotando 5 gols de cabeça numa mesma partida.

Com a camisa do Santos, formou um célebre e famoso ataque, que todo santista sabe na ponta da língua: Durval, Mengálvio, Coutinho, Pelé e Pépe. Com a camisa da seleção brasileira, o mais genial companheiro dos muitos que Pelé encontrou, foi Mané Garrincha. Com ambos em campo, nunca o escrete canarinho foi derrotado.

No auge da ditadura militar brasileira, foi formado o maior esquadrão futebolístico que o planeta já presenciou – a seleção brasileira tricampeã do mundo no México. E por falar em ditadura, não fosse ela, talvez o escolhido para ocupar o cargo de treinador dessa maravilhosa equipe não fosse Zagallo, mesmo sendo um treinador extremamente competente e vencedor, apesar do pouco tempo de carreira. O trabalho do escrete canarinho para a Copa do Mundo no México foi iniciado pelo então cronista esportivo João Saldanha, convidado por João Havelange para ocupar o cargo de técnico da seleção. O trabalho se iniciou em 1969, após a demissão de Aymoré Moreira. Saldanha realizou algumas experiências na equipe e deu oportunidades a alguns jogadores. Chegou a montar a base da equipe, contudo, graças a alguns tropeços no início de 1970, incluindo uma derrota para a Argentina por 2x0 e um empate em 1x1 contra o Bangu, acabou tendo a sua credibilidade afetada junto à crítica, aos torcedores e principalmente aos militares. Até mesmo Pelé estava desacreditado, tanto que o técnico João Saldanha chegou a insinuar que o Rei estava míope.

Existe um comentário dando conta que o então general Médici, fantasiado de presidente do Brasil, havia "pedido" ao treinador que convocasse o atacante atleticano Dadá Maravilha. Por sua vez, o treinador Saldanha respondeu em tom irritado e irônico que o presidente escalava o seu ministério e ele escalava a seleção. Com o filme literalmente queimado, iniciou-se o processo de degola de João Saldanha. Para seu lugar, foi chamado o então técnico do Botafogo, Mario Jorge Lobo Zagallo.

O Velho Lobo convocou a seleção que agradava ao povo, trazendo para a mesma equipe uma verdadeira constelação de craques, com muitos jogadores que atuavam na mesma posição de seus clubes, num autêntico time de "camisas 10". Como escalar um time com Gérson e Rivelino juntos? Pelé e Tostão então, nem pensar! Mas todos estes jogadores se acertaram no time, porque craque joga em qualquer lugar, como diz a máxima.

A seleção brasileira estreou no mundial no dia 3 de junho de 1970, no estádio Jalisco, em Guadalajara, contra a seleção da Tchecoslováquia. O Brasil venceu por 4x1, com gols de Rivelino e Pelé e dois de Jairzinho. Nessa partida, Pelé já demonstrou o que poderia realizar no mundial. A partida estava empatada em 1x1 quando, aos 40 minutos do primeiro tempo, o Rei resolveu aprontar um lance histórico e de rara beleza. Ao perceber o goleiro

Viktor adiantado, Pelé, que estava atrás da linha do meio-campo, mandou a bola para o gol. Os cerca de 50 mil torcedores presentes no Jalisco acompanhavam emudecidos a trajetória da bola e o desespero do goleiro tcheco, que estava sendo encoberto pela bola. A pelota passou raspando a trave esquerda de Viktor.

Na segunda partida, o escrete canarinho teve pela frente o *"English Team"* de Gordon Banks, no dia 7 de junho de 1970, no mesmo estádio Jalisco, na partida considerada por Pelé como inesquecível, pois afinal de contas estavam em campo os dois últimos campeões mundiais. O Brasil esteve perto de abrir o marcador com uma das jogadas mais fantásticas da história das Copas. Jairzinho desce pela direita e cruza na cabeça de Pelé, que se encontrava próximo da risca da pequena área. O Rei salta e toca de cabeça, à queima-roupa, de cima para baixo no canto direito do goleiro Banks. O lendário arqueiro salta e espalma para escanteio, naquela que foi considerada a defesa mais espetacular de um goleiro em todas as Copas do Mundo. Mas na segunda etapa não teve jeito, Pelé mesmo marcado por três ingleses, deu um passe na medida para Jairzinho "Furacão" fuzilar a meta de Banks, garantindo, assim, ao Brasil a vitória por 1x0. Nessa partida aconteceu outro lance inusitado. O lateral Carlos Alberto Torres resolveu momentaneamente abandonar sua posição para dar uma "pegada" no atacante inglês Francis Lee, que havia chutado o rosto do goleiro Félix em disputa de bola. O atacante, após a "ação" de Carlos Alberto, literalmente sumiu da partida.

Na terceira partida da primeira fase, realizada no dia 10 de junho de 1970, outra vez no Jalisco, nova vitória do escrete canarinho. Dessa vez, em um apertado 3x2 contra a Romênia. Pelé anotou dois tentos. Na partida das quartas de final, realizada no dia 14 de junho de 1970, no estádio Jalisco, o Brasil teve pela frente a boa seleção do Peru, comandado pelo mestre Didi do banco de reservas. O time de Pelé e companhia despachou o Peru, com Didi e tudo, após uma vitória por 4x2, rumando à próxima fase.

Na semifinal realizada no dia 17 de junho, na última partida realizada no estádio Jalisco em Guadalajara, o Brasil passou fácil pelo Uruguai, mandando 3x1 na Celeste Olímpica. Nessa partida, Pelé protagonizou outro lance que ficaria marcado na história. O Rei, sem tocar na bola, deu um desmoralizante drible de corpo no lendário goleiro uruguaio Mazurkiewicz, passando por um lado e a bola por outro. Desequilibrado, o craque tocou de perna direita para o gol, porém, a bola passou raspando a trave saindo pela linha de fundo.

A grande decisão da Copa do Mundo de 70 aconteceu no dia 21 de junho no estádio Azteca, na cidade do México. O Brasil teria pela frente a sempre forte Itália. Mas quem poderia ser forte perante essa seleção? O Brasil, com gols de Pelé de cabeça aos 18 minutos do primeiro tempo, Gérson aos 20, Jairzinho aos 25 e Carlos Alberto Torres aos 41 minutos da segunda etapa, selaram o clássico placar brasileiro na decisão: 4x1 em cima da Itália, que descontou com Boninsegna aos 37 minutos da primeira etapa.

O Brasil conquistava o tricampeonato mundial. Pelé, que esteve ameaçado de ficar no banco de reservas no início dos jogos, já que amargou o banco em um amistoso contra a Bulgária antes da Copa, jogou tudo o que sabia e um pouco mais do que sabia a fim de concretizar a mais fantástica campanha da seleção brasileira em um mundial. O craque, mais do que nunca, era aclamado como o grande Rei do Futebol. Para aqueles que ainda duvidavam da capacidade de Pelé, que anotou 4 gols no mundial, ele simplesmente arrasou no México. No retorno ao Brasil, o prefeito indicado pelo governo ditatorial, Paulo Maluf, presenteou cada atleta com um Fusca, em homenagem à conquista do tricampeonato.

No dia 11 de julho de 1971, no amistoso realizado contra a seleção da Áustria no estádio do Morumbi, Pelé marca seu último gol com a camisa da seleção brasileira. O placar final da partida apontou o empate em 1x1. No dia 18 de julho do mesmo ano, no amistoso realizado contra a seleção da Iugoslávia, no estádio do Maracanã, Pelé realiza seu último jogo com a camisa da seleção brasileira. A torcida emocionada com a despedida de Pelé, em um só grito, ecoou pelo Maracanã: "Fica! Fica! Fica!". Em 14 anos de serviços prestados à seleção brasileira, Pelé esteve presente em 114 jogos, anotando 95 gols. É o maior artilheiro da história da camisa amarelinha. Em Copas do Mundo, marcou 12 gols, com três títulos mundiais, sendo o jogador brasileiro que mais títulos de Copa do Mundo conquistou com a seleção canarinho.

Após a conquista do tricampeonato e a despedida da seleção brasileira, Pelé seguiu quebrando recordes, e sempre na casa dos mil. No dia 9 de julho de 1972, o Santos, em mais uma de suas excursões internacionais, enfrentava a equipe do Universidad do México, em San Francisco, nos Estados Unidos. Nesse jogo, Pelé anotou o gol de número mil com a camisa do Santos. Na sequência, para completar a festa, anotou o gol de número 1001. No Campeonato Brasileiro de 1972, em partida contra o Santa Cruz, Pelé alcançou a marca de mil partidas com a camisa do Santos.

Em 1974, Pelé dava mostras que iria abandonar o futebol. Na partida realizada contra a Ponte Preta, no dia 2 de outubro de 1974, na Vila Belmiro, aos 21 minutos do segundo tempo, o jogador, com a bola nas mãos, ajoelhou-se e agradeceu a Deus e aos santistas, e essa foi a despedida de Pelé no Santos. Mas ainda não havia chegado o final, poi o Rei decidiu encarar outro desafio em sua vida: ser o grande embaixador do futebol na América do Norte, defendendo a milionária equipe do New York Cosmos.

A equipe dos Estados Unidos pagou ao Santos a bagatela de 7 milhões de dólares pelo passe de Pelé – um valor muito alto na época. O jogador fechou contrato com o time do Cosmos por 7 milhões e meio de dólares por três anos. A estreia do Rei em gramados norte-americanos aconteceu no dia 15 de maio de 1975, em Dallas, e cerca de 20 mil pessoas estiveram presentes em um campo improvisado de beisebol para assistir ao Rei jogar. Pelé marcou um gol de cabeça no empate em

2x2. No Cosmos, Pelé desbravou um caminho até então não muito conhecido pelo jogador de futebol brasileiro: o futebol norte-americano. Posteriormente, o Cosmos contou com outras feras como Beckenbauer, Chinaglia, Carlos Alberto Torres, entre outros, que faziam com que o New York Cosmos fosse, na época, o time mais famoso do mundo.

Na terra do Tio San havia muita badalação. Jogando em uma equipe que mais parecia de apresentação, porém era muito forte financeira e tecnicamente (o Cosmos pertencia ao poderoso grupo Warner Communication), Pelé contribuiu muito para que o futebol fosse difundido nos Estados Unidos. As festas eram corriqueiras no clube. Os jogadores estavam acostumados a receber visitas ilustres nos vestiários após as partidas. Os melhores clubes e boates de Nova York eram frequentados pelos jogadores do Cosmos (sempre como convidados VIP), e eram considerados verdadeiras celebridades. No auge das discotecas, as festas eram constantes e duradouras.

Em 1977, Pelé, após marcar 65 gols em 107 jogos com a camisa do Cosmos, conquistando no mesmo ano o título de campeão americano de futebol (para eles, o popular *soccer*), decidiu se aposentar de vez do futebol. A despedida final do Rei aconteceu no dia 1º de outubro de 1977, no lotado estádio *Giants Stadium*, em New York. Em campo, o time do New York Cosmos contra o Santos. Pelé atuou o primeiro tempo com a camisa da equipe americana e o segundo com a camisa da equipe brasileira. O jogo terminou com a vitória do New York Cosmos por 2x1, anotando Pelé um gol para o time de New York. Ao final da partida, o Rei, que chegou à incrível marca de 1.367 jogos, não aguentou a emoção e chorou muito. O futebol acabava de ver, pela última vez em campo, profissionalmente, o maior ser humano que já disputou uma partida de futebol na história. Pelé, que temia ser esquecido após sua despedida dos gramados, atualmente, mesmo passados mais de 30 anos de sua aposentadoria, ainda é uma das figuras mais importantes e populares no mundo todo.

Em 1980, o jornal francês L'Equipe, realizou uma grande eleição para escolha do atleta do século. Faziam parte da lista, cinquenta nomes dentre os mais renomados atletas de vários segmentos do esporte, envolvendo monstros sagrados como Mark Spitz, Cruyff, Stanley Matthews, Muhamad Ali, Jesse Owens, além de Pelé, é claro. O Rei do Futebol venceu Jesse Owens por nove votos de diferença. Dessa forma, no dia 15 de maio de 1981, em Paris, Pelé recebeu o título de "Atleta do Século". O L'Equipe, posteriormente, elegeu a carreira de Pelé, em uma escolha semelhante, como o fato mais importante da história do esporte mundial. O ídolo máximo do futebol recebeu a mesma honraria de várias outras instituições, como Du Pont, Reuters e até mesmo da UNICEF. Em 2000, Pelé foi eleito pela FIFA como o melhor jogador do século, à frente do argentino Diego Armando Maradona.

Pelé se casou pela primeira vez aos 25 anos, em 1966, com Rosemeri. Dessa união, nasceram três filhos: Kelly Cristina, Edinho (que posteriormente se tornaria goleiro do próprio Santos e que, após encerrar a carreira, foi preso, acusado de envolvimento com drogas, e foi uma das maiores dores na vida de Pelé) e Jennifer. No início dos anos 80, Pelé namorou a então modelo iniciante Xuxa, e muitos creditam o sucesso da "Rainha dos Baixinhos" ao envolvimento com o Rei naquela época. Hoje são desafetos. Pelé teve duas filhas fora do casamento: Flávia Kurz e Sandra Regina Machado. Essa última tornou-se vereadora em Santos e, em 2006, faleceu vítima de câncer. Em 1994, Pelé se casou com a cantora gospel e hoje ministra da Igreja Batista, Assíria Seixas Lemos. Dessa união, nasceram os gêmeos Joshua e Celeste. Em 2008, o casal se separou, após 14 anos de matrimônio.

Em 1990, Pelé vestiu novamente a camisa da seleção brasileira. O feito ocorreu em comemoração ao seu aniversário de 50 anos, no dia 31 de outubro de 1990, no estádio San Siro em Milão, contra a seleção do resto do mundo. Pelé deixou a partida ainda no primeiro tempo, sendo substituído pelo meia corintiano Neto. O Brasil foi derrotado por 2x1.

Em 1995, Pelé foi convidado para fazer parte do governo Fernando Henrique Cardoso como Ministro dos Esportes. No cargo, ele aperfeiçoou a "Lei Zico", criando a "Lei Pelé" (muito criticada por dirigentes de clubes brasileiros), seguindo diretrizes da FIFA para contratos de jogadores. Permaneceu no cargo por quatro anos.

A polêmica foi algo que sempre acompanhou Pelé em sua vida. Durante o regime militar, chegou a declarar que o povo brasileiro não sabia votar. Em 2005, criticou o centroavante Romário, dizendo que ele deveria se aposentar. Romário, por sua vez, respondeu que Pelé calado era um poeta e que deveria colocar um sapato na oca para parar de falar besteiras.

Criticou também abertamente o atacante Ronaldo por estar acima do peso em 2006. Pelé também sempre foi considerado "Pé Frio" em suas previsões. Talvez uma das mais famosas de todas aconteceu na Copa do Mundo dos Estados Unidos em 1994, quando o Rei apontou como grande favorita ao título a seleção da Colômbia. Contudo, o time de Asprilla e Valderrama fez uma campanha pífia no mundial, nem passando da primeira fase, ficando atrás do próprio Estados Unidos, que apesar de ser o dono da casa, não possuía tradição nenhuma no futebol.

Pelé permaneceu no Santos por 6.662 dias e realizou 1.114 jogos com a camisa do alvinegro da Vila Belmiro, anotando 1.091 gols. Com a camisa da seleção brasileira, em 114 jogos, balançou as redes adversárias em 95 ocasiões. Com a camisa do New York Cosmos, esteve em campo em 107 jogos, anotando 65 gols. Ao todo, Pelé tem registrada e reconhecida pela FIFA, a incrível marca de 1.281 gols em sua carreira e 1.375 partidas disputadas.

Tudo que dizem de Pelé, futebolisticamente falando, é pura redundância. Ele foi o maior jogador de futebol de todos os tempos. Nunca houve ninguém que pudesse fazer a metade do que Pelé fez. O Rei do Futebol, como ainda é chamado, reuniu multidões, parou guerras e uniu povos, com apenas uma única arma, o seu futebol. Felizes os santistas que podem se orgulhar pelo fato do Rei surgir em seu time.

Existe uma máxima no futebol que diz que o clube será sempre maior do que seus ídolos. Contudo, no caso de Pelé e Santos, as coisas podem se igualar, pois a história de ambos se confunde, como se um fosse o espelho do outro. Os mais jovens podem até acreditar que Pelé era uma lenda, mas sempre existirão os afortunados mais experientes que viram de perto as peripécias do menino de Três Corações, que encantou e encanta o mundo até hoje com sua genialidade, a fim de confirmar que Pelé existe e é feito de carne e osso. Edson Arantes do Nascimento, ou simplesmente Pelé, é, e sempre será, o maior jogador de futebol do planeta Terra de todos os tempos.

## CARLOS ALBERTO TORRES

Por pouco, mas por muito pouco mesmo, um dos maiores jogadores do mundo de todos os tempos, quase deixou de seguir o caminho dos gramados por conta da preocupação de seu pai.

O menino Carlos Alberto Torres, nascido no bairro de São Cristóvão, no Rio de Janeiro, no dia 17 de julho de 1944, desde muito pequeno sonhou em ser jogador de futebol. Mas numa época em que os atletas do esporte bretão eram marginalizados, não restava alternativa para o seu pai, que sonhava em ver o filho completar os estudos, senão proibi-lo de jogar futebol. Mas não adiantava, ele não queria saber de estudar. O negócio do menino era mesmo a bola. Então, o garoto Carlos Alberto levou uma surra de seu pai pelo simples desejo de um dia poder entrar em campo como jogador profissional de futebol. Contudo, mostrando a sua personalidade forte, que mais tarde lhe traria tarjas de capitão, títulos, glórias, amizades e inimizades, aos prantos, respondeu ao pai que não adiantava bater, pois de uma forma ou de outra, seria jogador de futebol. Dito e feito, a decisão tomada por Carlos Alberto Torres não poderia ter sido melhor, pois o menino censurado e retraído pelo sonho de jogar futebol, quando adulto se tornou uma das maiores lendas do esporte mundial de todos os tempos.

A infância de Carlos Alberto Torres foi vivida no bairro da Vila da Penha, no Rio de Janeiro (bairro de classe média localizado na zona sul do Rio de Janeiro), e uma bola sempre o acompanhava. No passado, ser jogador de futebol não era algo louvável diante da sociedade, mas Carlos Alberto dava de ombros aos olhos dela e continuava firme em busca de seu sonho, mesmo que contrariando seus familiares. Com o passar do tempo, o jovem conseguiu convencer sua família, tentando a sorte no Bonsucesso.

Em 1958, aos 14 anos, porém, passou por uma decepção ao não ser aproveitado. Continuou firme em seu propósito, até que, em 1960, aos 16 anos de idade, chegou aos juvenis do Fluminense – clube que, logo em seguida, começaria a fazer história. Três anos após sua chegada no clube, Carlos Alberto Torres ainda amador, recebe a primeira oportunidade de vestir a camisa da seleção brasileira. O jogador foi convocado pelo técnico Antoninho para a disputa dos Jogos Pan-Americanos realizados no Brasil em 1963. O lateral fez sua estreia com a camisa amarelinha no dia 24 de abril de 1963, contra a seleção do Uruguai, no estádio do Parque São Jorge, em São Paulo. O Brasil venceu por 3x1. Esse foi também o primeiro título de Torres com a camisa da seleção canarinho, conquistando a medalha de ouro.

Quatro anos após sua chegada nas categorias de base do clube, o magro lateral de 1,82 metros de altura, já figurava entre os profissionais do Fluminense, sendo considerado, posteriormente, o melhor da posição no clube e no mundo.

Já em seu primeiro ano como profissional do Fluminense, Carlos Alberto Torres dá mostras de toda a sua liderança e maturidade, mesmo sendo ainda muito jovem. De quebra, conquista o seu primeiro título com a camisa profissional do tricolor, o Campeonato Carioca de 1964, com apenas 20 anos de idade.

No mesmo ano de sua primeira conquista, o futebol de Carlos Alberto Torres já era considerado uma unanimidade nas Laranjeiras, e o jogador foi convocado pela primeira vez pelo técnico Vicente Feola para a seleção brasileira principal. O jogador fez sua estreia no dia 30 de maio de 1964, contra a seleção da Inglaterra, no estádio do Maracanã, em partida válida pela Taça das Nações. O Brasil aplicou uma sonora goleada de 5x1 em cima dos ingleses. A partir daí, só deu Carlos Alberto Torres como titular da lateral-direita da seleção brasileira.

O futebol do lateral já era mais do que uma grata realidade, e Carlos Alberto era um jogador que, apesar da juventude, mostrava uma maturidade impressionante, sendo aclamado como um dos grandes líderes da equipe e um dos melhores laterais do Brasil.

Em 1965, o jogador recebe o convite para atuar no forte Santos de Pelé, interrompendo sua trajetória no Fluminense. Por cerca de 200 milhões de cruzeiros, foi negociado com o time da Vila Belmiro, onde também faria história. No forte Santos dos anos 60 – disparado, o melhor time do mundo –, Carlos Alberto Torres caiu como uma luva em meio às feras consagradas da equipe, como Gilmar, Coutinho, Zito, entre outros, sem contar com Pelé, é claro. Carlos Alberto declarou que havia sido literalmente jogado "às feras", fazendo alusão aos grandes nomes que já vestiam a camisa Santista na época.

Com um time recheado de experientes estrelas de primeira grandeza no cenário futebolístico mundial, seria muito fácil escolher alguém para capitanear a equipe, porém, esse posto foi ocupado por ninguém menos que o jovem Carlos Alberto, tornando-se o grande líder do lendário Santos de Pelé com a tarja de capitão no braço, herdando a honraria do lendário ídolo Santista Zito.

Na Vila Belmiro, o lateral conquistou muitos títulos. Foi campeão paulista em cinco oportunidades: 1965, 1967, 1968, 1969 e 1973, além da conquista da extinta Taça Brasil (equivalente ao atual Campeonato Brasileiro) em 1965.

Dos cinco Campeonatos Paulistas conquistados por Carlos Alberto Torres no Peixe, certamente o último deles, em 1973, foi o mais polêmico de todos. Afinal de contas, o Santos, graças a um erro incrível de arbitragem, precisou dividir meio a meio a conquista com a Portuguesa de Desportos. O Campeonato Paulista de 1973, previa em seu regulamento, que o título seria disputado entre o campeão do primeiro turno contra o campeão do segundo turno em partida única. O Santos foi a equipe campeã do primeiro turno e a Portuguesa do segundo turno. Portanto, as equipes se qualificavam para a grande decisão do Paulistão de 1973 que seria realizada no dia 26 de agosto de 1973, no estádio do Morumbi, e 130 mil torcedores estavam presentes no maior estádio particular do mundo, com a renda recorde em São Paulo de um milhão e meio de cruzeiros. O Santos de Carlos Alberto Torres, com um time mais experiente e, que entre outras estrelas, contava com Pelé, tomou as ações da partida, procurando o gol em todos os instantes, ao contrário da Portuguesa, cujos jogadores estavam todos com os nervos à flor da pele. O Rei do Futebol queria, de todas as formas, conquistar esse título, que poderia ser o último de sua carreira no Santos, por isso, jogou como nos velhos tempos. Pelé mandou três bolas na trave, mas o gol insistia em não sair. A Portuguesa, apesar de nervosa, realizava uma grande partida na parte defensiva. Após o 0x0 dentro dos 90 minutos regulamentares, veio a prorrogação, quando novamente a Lusa segurou firme o empate. Então, o título do Campeonato Paulista de 1973 seria decidido nas penalidades máximas. O Santos bateu o primeiro com Zé Carlos, mas o goleiro Zecão defendeu. Na sequência, a Portuguesa também desperdiçou sua cobrança com Isidoro, espalmando Cejas com a mão esquerda. Na segunda cobrança santista, Carlos Alberto Torres, o capitão, converteu. A Portuguesa, em seguida, com Calegari perdeu. Edu converteu mais um para o Santos. Wilsinho, na terceira cobrança da Portuguesa, chutou a bola no travessão. Imediatamente, o árbitro da partida, Armando Marques, apontou o Santos como campeão.

Os jogadores do Peixe comemoravam o título enquanto os atletas da Lusa choravam a derrota. Contudo, nem mesmo os jogadores haviam percebido o erro de matemática do juiz, pois afinal de contas, como o placar apontava 2x0 para o Santos e ainda faltavam duas penalidades para cada uma das equipes, a Portuguesa ainda teria chances de empatar a decisão caso o Santos perdesse suas duas próximas cobranças. Ao perceber o erro grotesco, o árbitro da partida tentou chamar de volta ao gramado os jogadores para dar continuidade às cobranças. No entanto, era tarde demais. Quando os atletas também perceberam a confusão de Armando Marques, trataram de deixar os vestiários rumando para os ônibus.

Os jogadores santistas não aceitavam realizar suas cobranças com o risco de serem derrotados, enquanto que os atletas da Portuguesa, por sua vez, também não queriam pagar para ver a remota possibilidade de Pelé perder um pênalti, quando pretendiam se aproveitar do erro de direito da arbitragem para a realização de uma nova partida. O regulamento do campeonato previa que se houvesse algum fato, dentro ou fora de campo, que atrapalhasse o andamento da decisão, uma nova partida deveria ser marcada. Mas o Santos, com uma excursão agendada ao exterior, negou-se a realizar uma segunda partida. Então, de comum acordo, a federação paulista de futebol, em nome de seu homem forte, José Ermírio de Moraes Filho, declarou que Santos e Portuguesa eram oficialmente os campeões de 1973. O vice-campeonato paulista foi herdado ao Palmeiras, clube que seria o terceiro colocado antes da confusão toda.

Carlos Alberto Torres fez parte da enorme lista elaborada pela CBD para a preparação da seleção brasileira na Copa do Mundo da Inglaterra em 1966. O futebol jogado por Torres era tão notório, que não havia quem não achasse que o jogador faria parte da lista. Mas Feola e os homens da CBD não entenderam assim e, inacreditável e surpreendentemente, Carlos Alberto Torres ficou de fora da lista final. Djalma Santos e Fidélis foram os laterais direitos. A surpresa foi tão grande que, muitos, e principalmente o próprio Carlos Alberto Torres, acharam ter havido algum engano na lista, como por exemplo, uma troca de nomes. Mas a lista não estava errada, e Carlos Alberto teria que aguardar mais quatro para disputar uma Copa do Mundo.

Em 1970, havia enfim chegado a oportunidade de Carlos Alberto Torres brilhar em uma Copa do Mundo, trazendo o jogador na bagagem, além do tricampeonato, a consagração total como o maior lateral-direito do mundo. E, como não poderia deixar de ser, ele colocou no braço a tarja de capitão do maior escrete canarinho da história aos 25 anos de idade.

A consagração final de Carlos Alberto Torres, na Copa de 70, aconteceu exatamente no quarto gol brasileiro, quando o capitão deu um tiro de misericórdia na seleção italiana. O jogo já estava em seu final e apontava o placar favorável em 3x1 para a seleção brasileira, mas ainda faltava o grande desfecho, que só poderia ter sido dado por um jogador da liderança e qualidade de Carlos Alberto Torres. O lance magistral aconteceu da forma mais clássica possível, sendo simplesmente impossível descrever em palavras o que de fato aconteceu.

Gérson, recuado pela direita, toca a bola para Carlos Alberto que solta para Clodoaldo na intermediária. O volante do Santos toca para Pelé, que toca para Gérson, que devolve para Clodoaldo, que num lance de pura habilidade, dribla quatro marcadores italianos e toca para Rivellino na esquerda, o craque Corintiano domina e lança Jairzinho em velocidade, o ponteiro habilidoso entra pelo meio e passa para Pelé, o Rei do Futebol domina a bola próximo da meia lua da grande área, que vê pela frente um desesperado marcador italiano. O Rei para e observa a passagem de Carlos Alberto Torres em velocidade pela direita, sem olhar para a bola ou para o lado, toca para Torres, o passe sai certeiro no pé do capitão, que fuzila de primeira em diagonal na meta do goleirão italiano Albertosi. O lance foi tão genial que a bola até quicou levemente no gramado, dando a "subidinha" necessária para Torres bater de forma perfeita e certeira no canto direito do goleiro. Ao término da decisão, o grande capitão Carlos Alberto Torres eternizou um gesto que o faria famoso no mundo todo, ao levantar a Taça Jules Rimet. Torres passou a ser apelidado de "Capita", o melhor lateral--direito da Copa do Mundo de 1970 no México.

Em 1971, após a consagração universal do tricampeonato mundial, o jogador foi emprestado por seis meses ao Botafogo, e, atuando tecnicamente em outra grande equipe, mais uma vez foi o capitão. Na sequência, continuou no futebol carioca tendo uma rápida passagem pelo Flamengo.

No ano seguinte, retornou ao Santos, e lá permaneceu até 1975. No ano seguinte, enfim retornava à casa onde tudo começou – as Laranjeiras. Seu retorno foi da mesma forma como havia começado no Fluminense, ou seja, conquistando mais título – o Campeonato Carioca de 1976. A "Máquina Tricolor" não poderia ter trazido melhor lateral do que Carlos Alberto à sua equipe de estrelas. O jogador, reconhecido no mundo todo por seu talento e liderança, foi o grande comandante da equipe na vitoriosa campanha do estadual de 1976, anotando 7 tentos.

No ano seguinte, em 1977, Torres deixava o futebol brasileiro para desbravar um caminho até então não muito conhecido pelo jogador de futebol brasileiro – o futebol norte-americano. Carlos Alberto Torres, ao lado de feras como Beckenbauer, Chinaglia, Pelé, entre outros, vestiu a camisa do New York Cosmos – que era o time mais famoso do mundo devido ao elenco de estrelas. Carlos Alberto Torres contribuiu muito para o futebol ser difundido nos Estados Unidos.

As festas eram corriqueiras no clube, e Carlos Alberto, ao lado de sua esposa, na época, a atriz Terezinha Sodré, aproveitou muito esse momento extracampo proporcionado pela badalação criada em torno do New York Cosmos. Ele e a esposa estavam acostumados a receber visitantes ilustres nos vestiários após as partidas, como Mick Jagger e Robert Redford, por exemplo. Os melhores clubes e boates de Nova York foram frequentados pelo casal.

Carlos Alberto Torres permaneceu no Cosmos em sua primeira passagem até 1981, quando, em 1982, foi defender outra equipe norte-americana – o Newport Beach. Retornou ao New York Cosmos em 1982, permanecendo por mais um ano. Da América, aproveitando-se do bom relacionamento que tinha tanto com a diretoria do Cosmos como com a do Fluminense, trouxe de presente para os torcedores tricolores, um dos maiores ídolos da história do clube de todos os tempos – Romerito, seu ex-companheiro de New York Cosmos. No final de 1982, o "Capita" resolve encerrar sua carreira de jogador de futebol, aos 38 anos de idade.

Ainda nos Estados Unidos, chegou a montar uma escolinha de futebol em New Jersey, porém, a sua participação na escolinha norte-americana durou pouco tempo, até março de 1983, quando, atendendo a um chamado do presidente do Flamengo Antônio Augusto Dunschee de Abranches, o jogador retornou ao Brasil para ser técnico do Flamengo – que andava mal das pernas na época. Na Gávea, Torres acertou a equipe, conquistando o título de campeão brasileiro. O treinador passou também por outras grandes equipes do Brasil como o próprio Fluminense, Botafogo, Corinthians e Atlético Mineiro. Dirigiu outros times menores como o América do Rio, por exemplo. Comandou também vários clubes e seleções do exterior, como Nigéria, Omã e Azerbaijão.

Carlos Alberto ainda é muito requisitado e reconhecido pelo povo brasileiro e mundial, devido ao título de 70. Está sempre à frente de eventos e palestras. Em época de Copa do Mundo, o ídolo é constantemente chamado para entrevistas, participações como comentarista no rádio e na televisão, além de ser figura presente nos eventos que estão ligados à Copa do Mundo.

Fora dos gramados, Carlos Alberto Torres foi casado três vezes. A primeira vez, com Sueli e, num relacionamento de 6 anos, tiveram dois filhos – Andréa e Carlos Alexandre. Em seu segundo casamento, o "Capita" uniu-se à atriz Terezinha Sodré por 16 anos. Atualmente é casado com Graça. Carlos Alexandre – filho de seu primeiro casamento – também se tornou jogador de futebol e, assim como o pai, foi um clássico defensor, atuando como zagueiro central no Fluminense, Vasco da Gama e futebol japonês. Carlos Alberto procurou dar à carreira do filho todo o apoio e sustentação necessária que não teve de sua família quando resolveu ser jogador de futebol. Carlos Alexandre, chamado de Alexandre Torres, também já encerrou sua carreira.

Nas horas de folga, o capitão confessa ser um adorador da infinidade de canais a cabo disponíveis pelas operadoras de televisão e, que, além de assistir futebol e a outros eventos esportivos, nunca dispensa um bom filme de ação. Torres também gosta muito de música, revelando-se um grande fã de MPB e samba.

A seleção brasileira de 70, capitaneada por Carlos Alberto Torres, foi escolhida pela FIFA como a melhor seleção do século XX. Por sua vez, o ídolo da Vila Belmiro foi escolhido também pela FIFA como o melhor lateral-direito do mundo. A majestade Pelé também deu seu veredicto a respeito do "Capita" e o elegeu como um dos 125 maiores jogadores vivos em todo o mundo. Com a camisa da seleção brasileira, Carlos Alberto Torres atuou em 73 partidas, anotando 9 gols. Com a camisa do Santos esteve em campo em 445 oportunidades, balançando as redes adversárias em 40 oportunidades.

O capitão Carlos Alberto Torres foi um daqueles jogadores que passaram de craque para se tornar mito. O jogador, com a sua técnica e liderança, conduziu grandes times e a seleção brasileira a vários triunfos e glórias. Mas, mesmo atuando em várias equipes do mundo, como jogador ou treinador, Carlos Alberto Torres é um santista de coração, clube pelo qual levou a títulos e partidas inesquecíveis. O eterno "Capita", em sua essência de craque, é, e sempre será, um alvinegro praiano de corpo e alma.

## SERGINHO CHULAPA

O maior artilheiro do Santos Futebol Clube (ao lado de João Paulo), após a era Pelé, foi um jogador politicamente incorreto, que esteve longe de ser um santo. Para falar a verdade, esse jogador parecia ter um imã para atrair confusão. Mas com a bola rolando, cansou de marcar gols com seu estilo irreverente e matador. Nunca foi um primor de técnica como, por exemplo, Pepe ou Coutinho – atacantes que também marcaram época no Santos –, mas graças ao seu grande porte físico, entrava como um tanque nas defesas adversárias. A força compensava a falta de técnica, consagrando-se artilheiro com sua perna esquerda. Estamos falando de Sérgio Bernardino, nascido no dia 23 de dezembro de 1953, em São Paulo – o famoso e polêmico "Serginho Chulapa".

O humilde jovem, criado no bairro da Casa Verde, em São Paulo, trabalhou como entregador de leite. No entanto, sua grande paixão estava dentro dos gramados, jogando futebol. O centroavante tentou a sorte nas categorias de base da Portuguesa, mas foi dispensado. Em uma nova peneira na Casa Verde, acabou agradando os homens das categorias de base do São Paulo, ingressando no time do Morumbi.

O então garoto Serginho, com apenas 19 anos de idade, graças aos seus 1,94 metros de altura e chuteira número 45, ganhou a alcunha do experiente atacante Terto, pela qual ficaria conhecido por toda a sua carreira "Chulapa".

Após sua estreia no time profissional do São Paulo, sob o comando do mestre Telê Santana, a fim de ganhar mais experiência, Serginho foi emprestado ao Marília, clube no qual se destacou ao anotar 10 gols durante o Paulistão. Tal desempenho credenciou Chulapa a retornar ao Morumbi no ano seguinte.

Mais maduro, o artilheiro voltou ao São Paulo. Desengonçado e trombador, em muitas ocasiões, partia como um touro furioso em cima da defesa adversária, parecendo que iria perder a bola. Entrava canelando, chutando de bico e trombando em tudo que viesse pela frente, mas, em geral, tais jogadas terminavam em gols. Em seu retorno ao São Paulo, Serginho era reserva de Mirandinha, até que o jogador, por infelicidade, acabou fraturando a perna, abrindo o espaço definitivo para Serginho entrar na equipe.

Em 1975, Serginho Chulapa conquistou seu primeiro título com a camisa do São Paulo – o Campeonato Paulista –, destacando-se como o artilheiro máximo da competição, com 22 gols assinalados.

Serginho notabilizava-se como um dos grandes centroavantes do futebol brasileiro. Mas, da mesma forma que balançava as redes adversárias, protagonizava suas confusões. No Campeonato Brasileiro de 1977, o centroavante era o vice-artilheiro, com 15 gols. Além disso, foi o principal jogador da equipe do São Paulo no Campeonato daquele ano. Mas, na partida realizada contra o Botafogo em Ribeirão Preto, no dia 12 de fevereiro de 1978, quase colocou tudo a perder, após um gol anulado pelo árbitro Oscar Scolfaro, aos 45 minutos do segundo tempo, quando o São Paulo estava sendo derrotado por 1x0, ao agredir o bandeira Vandevaldo Rangel com um chute na canela, abrindo um corte de cerca de 10 cm. O sangue da canela do bandeira esguichava, enquanto a confusão corria solta.

O juiz relatou toda a confusão e, principalmente, a agressão de Serginho em cima de assistente. O centroavante, por sua vez, negou a agressão, alegando que estava nervoso e que havia partido para cima de Rangel para saber o motivo da anulação do gol, momento em que a torcida do Botafogo começou a atirar pedras e garrafas em sua direção que poderiam ter acertado o árbitro, ocasionando a lesão, disse Serginho, e que, em hipótese nenhuma, havia chutado o bandeirinha, levando a culpa injustamente. Contudo, as imagens de televisão mostravam exatamente o contrário, em que, nitidamente, o atacante aparecia agredindo o árbitro. No dia 28 de fevereiro de 1978, o jogador foi julgado e suspenso por 14 meses por agressão ao bandeira. Desta forma, Serginho Chulapa ficou de fora da segunda partida das semifinais contra o Operário do Mato Grosso do Sul e, consequentemente, da decisão contra o Atlético Mineiro.

A pena de Serginho Chulapa, posteriormente, foi reduzida para onze meses. Contudo, os efeitos que a suspensão causou ao jogador foram muito grandes, pois, dessa forma, na melhor fase de sua carreira, ele perdeu a grande oportunidade de ser convocado para a seleção brasileira na Copa do Mundo na Argentina em 1978, e seu nome era dado como certo entre os convocados de Coutinho. Naquela Copa, segundo o próprio Serginho, ele teria todas as condições para se consagrar, por se tratar de um mundial em que o choque e a força ficaram evidentes entre as equipes, estilo que era a "cara" de Chulapa.

O jogador retornou da suspensão no dia 28 de janeiro de 1978, na derrota para o Santos por 4x1. Na temporada de 1979, o jogador anotou 28 gols em 55 jogos.

Em 1980 e 1981, o jogador conquistava o bicampeonato paulista, ainda com a camisa do São Paulo.

Mesmo com títulos e muitos gols, as confusões na carreira e na vida de Serginho ainda estavam longe de acabar. Chegou a responder judicialmente um processo por agressão movido por sua esposa, Nancy de Jesus Madeira Bernardino. No Campeonato Brasileiro de 1981, na partida decisiva contra o Grêmio, no dia 3 de maio, no estádio do Morumbi, o jogador pisou no rosto do goleiro Leão que estava caído. O árbitro da partida, José Roberto Wright, não teve dúvidas e expulsou Serginho. O Grêmio acabou conquistando o título. Leão e Serginho Chulapa são inimigos e não se falam até hoje em razão desse incidente.

Em 1982, o jogador recebeu um voto de confiança de seu descobridor Telê Santana e quatro anos mais tarde consegue, enfim, realizar o sonho de disputar uma Copa do Mundo. O atacante foi beneficiado pela contusão de Careca, que foi cortado do grupo, assumindo a condição de titular em meio a feras como Sócrates, Zico, Falcão, Éder, Júnior e Cerezo, por exemplo. Na seleção de 1982, ele era o contraponto da equipe.

Em um esquadrão totalmente técnico, Serginho era o único jogador que tinha a força como sua principal virtude. O jogador sentiu-se um estranho no ninho na Espanha, a começar pelo seu futebol bem diferente do futebol dos demais e, principalmente, pelo seu modo de agir. Na Copa do Mundo, a pedido de Telê Santana, ele se portou como um autêntico lorde inglês ou, como o próprio jogador afirmou posteriormente, como uma freira! O técnico da seleção convenceu Serginho que, se caso ele provocasse algum tipo de confusão, o mundo inteiro estaria vendo, o que seria muito prejudicial tanto para ele como para a equipe. Serginho decidiu então acatar a solicitação do Mestre Telê, fato que causou estranhamento entre seus companheiros, pois estavam sempre acostumados às confusões do jogador.

O artilheiro, mesmo com Roberto Dinamite na sua suplência (o jogador do Vasco da Gama, que havia sido convocado para o lugar de Careca, era muito mais técnico que o próprio Serginho e casava melhor ao estilo de jogo da seleção), acabou vestindo a camisa de titular da equipe, fazendo sua estreia em Copas do Mundo com a camisa amarelinha número 9, na partida realizada no dia 14 de junho de 1982, no estádio Ramon Sanchez Pizjuan, em Sevilha, contra a seleção da extinta União Soviética. O Brasil venceu por 2x1. O primeiro gol de Serginho em uma Copa do Mundo aconteceu no dia 23 de junho, contra a seleção da Nova Zelândia, no estádio Benito Villamarin, em Sevilha, cujo placar apontou 4x0 para o escrete canarinho. O "tanque" voltaria a marcar mais um gol na partida seguinte, realizada no dia 2 de julho, contra a seleção da Argentina, no estádio Sarriá, em Barcelona. O placar da peleja apontou 3x1 para o time brasileiro. Serginho foi titular em todos os jogos da seleção brasileira no mundial da Espanha. Mas o time brasileiro de Telê Santana sucumbiu perante a Itália de Paolo Rossi. Mesmo com toda a "santidade" de Serginho em campo e na concentração, o Brasil não conseguiu vencer a Copa. Muitos chegaram a dizer que o futebol nada convincente de Chulapa na Copa de 82 se deu pelo fato de Telê Santana ter "domesticado" demais o jogador.

De volta ao São Paulo, Serginho Chulapa despediu-se do clube após a perda do título paulista para o Corinthians, em dezembro de 1982, encerrando uma trajetória de 8 anos no clube, anotando 242 gols, em 401 jogos, tornando-se o maior artilheiro da história do São Paulo de todos os tempos.

O jogador transferiu-se para o Santos, e sua chegada foi muito criticada em razão das altas cifras envolvidas na negociação. A oposição santista preferia contar com jovens jogadores que custariam bem menos aos cofres do clube. Com o dinheiro de sua venda, o São Paulo contratou a jovem promessa oriunda do Guarani de Campinas: Careca. Mas com o tempo, os mesmos homens que não queriam a chegada de Chulapa à Vila Belmiro, tiveram que se entregar ao carisma do artilheiro.

No Santos, Serginho teve várias passagens e muitas glórias. Chegou ao clube já experiente, aos 29 anos de idade, porém, dispensava o rótulo de salvador da pátria. No Santos, parecia à vontade, parecia que havia nascido para jogar com a camisa do Peixe. Na Vila, Chulapa conquistou o título paulista de 1984, além da artilharia do Paulistão de 1984 e do Brasileirão de 1983. Em campo, o centroavante seguia marcando seus muitos gols, mas ainda continuava com a corda toda quando o assunto era confusão. Serginho brigava até mesmo com velhos amigos, como o zagueiro central Mauro do Corinthians. No clássico realizado contra a equipe do Parque São Jorge, no dia 31 de julho de 1983 no estádio do Morumbi, cujo placar apontou o empate em 0x0, o centroavante envolveu-se numa grande confusão com seu grande amigo Mauro, quando os jogadores trocaram socos, chutes e mordidas no gramado. Ambos foram expulsos. Após a confusão, ao término da partida, Serginho foi tomar cerveja com Mauro diante de muitas gargalhadas.

Na final do Brasileirão de 1983 contra o Flamengo, no Maracanã, o jogador agrediu um repórter dentro do gramado, acarretando numa condenação de três anos de prisão, que o jogador cumpriu em liberdade.

Mesmo assim, a história de Serginho na Vila seria coroada com uma grande conquista – o Paulistão de 1984 em cima do arquirrival Corinthians.

O Campeonato Paulista de 1984 foi disputado entre 20 equipes, jogando todos contra todos, em turno e returno com pontos corridos, e a última rodada do segundo turno trazia o clássico entre Santos e Corinthians. Como as duas equipes chegaram à última rodada empatadas com 54 pontos cada, o último jogo do certame, realizado no dia 2 de dezembro de 1984, no estádio do Morumbi, em São Paulo, tornou-se uma verdadeira final, e um empate já bastaria para que o time de Parque São Jorge conquistasse o tricampeonato. Ao time da Vila Belmiro, só a vitória interessava. O Corinthians era uma equipe mais ofensiva, que havia anotado 58 gols em 21 jogos, sendo evidente o favoritismo e, principalmente, o otimismo de seus jogadores em torno do tricampeonato.

O time do Santos, por sua vez, era uma equipe nada badalada, tendo em seu conjunto a sua maior arma. O time da Vila, dirigido pelo técnico Castilho – uma verdadeira lenda perante a meta da seleção brasileira e Fluminense –, era montado na base da forte marcação. Quando jogava mais ofensivamente, utilizava no máximo um 4-4-2, porém variando para 4-5-1. A verdade é que o técnico do Peixe mudava de esquema tático conforme o adversário que teria pela frente. O elenco, por sua vez, fugia das declarações polêmicas, procurava somar seus pontos na competição sem fazer nenhum alarde. Até a decisão, Serginho era um jogador um tanto quanto questionado. Vivendo uma fase ruim, por pouco não participou da partida derradeira, em razão de uma contusão muscular na coxa. No entanto, "o tanque" Serginho esteve em campo no dia 2 de dezembro para fazer história. O jogo seguia empatado até os 27 minutos do segundo tempo, quando Zé Sérgio desceu pela esquerda e toca para Humberto em profundidade. O jogador santista recebe o passe dividido com o zagueiro Juninho, mas mesmo assim consegue cruzar na área. A bola passa pelo goleiro Carlos e encontra o pé esquerdo salvador de Chulapa na pequena área para empurrar a bola no gol vazio corintiano. Ao apito final do árbitro José de Assis Aragão, o Santos conquistava mais um título paulista. Cercado por uma multidão de repórteres, passando de desacreditado a herói, Serginho declarou: "Está provado! Está provado! Quem fala muito morre pela boca". E ainda por cima ironizou: "Não ficaria fora da final de jeito nenhum. O Corinthians é uma pedra no meu sapato. Estou aqui para tirá-la e andar tranquilo". A torcida do Santos foi à loucura com Chulapa.

Após a conquista do título paulista com a camisa do Santos, Chulapa passou por vários clubes como Corinthians (o jogador participou da chamada "Selecorinthians", um time montado graças ao dinheiro da venda de Sócrates para o futebol italiano, com onze jogadores com passagens por seleções nacionais. Contudo, dentro de campo, a equipe naufragou e não conquistou nada. Serginho, posteriormente, declarou que havia passado férias no Corinthians), retornou ao Santos em 1986, permanecendo por mais uma temporada.

Em 1987, transferiu-se para o Marítimo de Portugal. Em 1988, retornou ao Santos e, em 1989, foi defender o Atlético de Sorocaba. Em 1990, retornou ao Santos, protagonizando nova confusão na partida contra o São Paulo ao "caçar" literalmente o lateral são-paulino Zé Teodoro dentro do gramado, por achar que ele estava violento demais em campo (justo ele achando alguém violento!). A confusão generalizada no clássico rendeu um gancho de 120 dias de suspensão para Serginho. Em 1991, o atacante atuou pela Portuguesa Santista e, em seguida, defendeu as cores do São Caetano até 1993, quando se aposentou aos 40 anos de idade.

Após sua despedida dos gramados, Serginho Chulapa deu início à carreira de treinador, atuando no próprio Santos e na Portuguesa Santista em diversas ocasiões. Mesmo assim, esteve bem próximo das brigas e confusões. Em 1994, no intervalo de uma partida do Campeonato Brasileiro, contra o Guarani em Campinas, o técnico Chulapa acertou um chute na genitália de um dirigente do Guarani. Na partida realizada no dia 16 de novembro de 1994, no estádio do Pacaembu, contra o Corinthians, em partida válida também pelo Campeonato Brasileiro daquele ano, o então treinador, após o jogo que apontou o placar de 2x1 para o Corinthians, protagonizou seu maior espetáculo de confusão desde o início de sua carreira como técnico. Nos vestiários, agrediu o repórter Gilvan Ribeirão do jornal Diário Popular (atual Diário de S. Paulo) dando uma forte cabeçada em seu olho direito. Posteriormente, Chulapa pediu desculpas ao repórter, que por sua vez não aceitou. Gilvan Ribeiro, que precisou de sete pontos no supercílio, prestou queixas contra o treinador. O fato afastou Serginho Chulapa das grandes equipes do Brasil.

Atualmente, Serginho Chulapa se diz um homem da paz. Existe uma história que diz que o jogador estava assistindo a uma partida de futebol de salão na Vila Sabrina, em São Paulo, quando uma moça, dirigindo-se a ele, afirmou ser o artilheiro o maior ídolo de seu pai, que se encontrava doente de cama. Serginho resolveu então deixar o futebol de lado para ir à casa do senhor enfermo. Chegando lá, o homem quase que não aguentou de tanta emoção ao ver seu ídolo de perto.

Em 198 jogos com a camisa do Santos, Serginho anotou 104 gols, sendo o maior artilheiro da história do Peixe da era pós-Pelé. Foi um jogador que honrou a camisa do Santos em todos os aspectos. O irreverente e bem-humorado atacante santista, dentro de campo, resumiu-se no casamento perfeito entre a raça e os gols, que fizeram Serginho se tornar um atacante querido pela torcida do Santos e respeitado pelas outras.

## GILMAR DOS SANTOS NEVES

O maior goleiro brasileiro de todos os tempos e um dos maiores do mundo em toda a história do futebol fez brilhante carreira jogando no Peixe. Natural de Santos, Gylmar (com "y" mesmo na grafia original da certidão) dos Santos Neves, nascido no dia 22 de agosto de 1930, tornou-se uma verdadeira lenda à frente do gol santista.

Fã incondicional do goleiro palmeirense Oberdan Catani, o pequeno menino Gilmar sonhava em ser médico, mas graças ao bom Deus, tornou-se goleiro. Jamais perdia uma apresentação de seu ídolo palestrino na Baixada Santista. De tão insistente que era na luta por um instante de atenção de Oberdan na entrada em campo do Palmeiras, acabou se tornando conhecido pelo famoso arqueiro palmeirense. O jovem Gilmar iniciou sua trajetória no futebol em 1945, aos 15 anos de idade, no antigo Hespanha, atual Jabaquara, clube localizado no bairro em que Gilmar residia, o Jabaquara. Em 1949, aos 19 anos, após o término de sua prestação militar onde atendia como "Cabo Neves", tornava-se titular do Hespanha.

Contudo, mesmo considerado uma revelação frente à meta do "Jabuca" e tendo realizado um bom papel no primeiro Campeonato Paulista que disputou em 1949, o goleiro não empolgava grandes equipes a se interessarem pelo seu futebol. A transferência para um grande time aconteceu somente dois anos depois e de forma bem inusitada. Em 1951, dirigentes do Corinthians desceram a serra do mar atrás do centro-médio Ciciá, companheiro de Gilmar e grande astro da equipe, para reforçar o time do Parque São Jorge no meio-campo. Mas os dirigentes do Jabaquara só aceitariam liberar Ciciá se o Corinthians levasse

Gilmar como contrapeso na negociação, bem como fornecesse materiais esportivos ao clube. No início, os dirigentes do Corinthians relutaram, pois o clube carregava, em sua meta, nada mais nada menos que Cabeção, reserva de Castilho (arqueiro do Fluminense) no gol da seleção brasileira e titular absoluto no clube.

A diretoria corintiana acabou aceitando a condição do Jabaquara e, além de Ciciá, trouxe também o "contrapeso" Gilmar, que ao se tornar profissional pelo Jabaquara, fez questão de abraçar o velho ídolo de infância, Oberdan Catani, quando se enfrentaram pela primeira vez. No ato de sua saída, mais uma vez mostrou toda a admiração e respeito por Oberdan. Antes de fazer as malas e partir para a capital paulista, preferiu ouvir o conselho de seu velho ícone para saber se realmente faria bem em se transferir para o Corinthians. Com a afirmativa de Oberdan Catani, Gilmar seguiu tranquilo para o Parque. Mal sabia o "contrapeso" Gilmar que se tornaria o maior de todos os tempos e a "estrela" Ciciá, sumiria, atuando apenas em dois jogos pelo Corinthians, não marcando nenhum gol.

O novo goleiro reserva de Cabeção, mesmo atuando em São Paulo, não se mudou imediatamente para a cidade. Durante muitos meses, fez diariamente a viagem entre Santos-São Paulo e vice-versa, desgastando muito o atleta, pois, na época, não havia muitas opções de transporte. Gilmar chegava esgotado no bairro do Jabaquara.

Durante a temporada de 1951, Gilmar, apenas um coadjuvante, disputou a posição de reserva de Cabeção com o paranaense Bino, "O Gato Preto". Em muitas ocasiões, ficava renegado à terceira opção.

Gilmar chegou ao Corinthians em maio, e oito meses depois, em janeiro de 1952, mesmo na reserva, já se sagrava campeão paulista. Contudo, nem tudo foram flores no primeiro ano de Gilmar no time do Parque São Jorge. Atuando em sua 20ª partida com a camisa do clube, o goleiro caiu em total desgraça. O Corinthians enfrentava o forte time da Portuguesa numa chuvosa tarde de domingo, no estádio do Pacaembu, no dia 25 de novembro de 1951, pelo Campeonato Paulista. Debaixo de muita água, cuja partida mais parecia um polo aquático, o Corinthians não resistiu ao forte ataque da Portuguesa formado por Julinho, Renato, Nininho, Pinga e Simão, base da seleção paulista, numa tarde totalmente inusitada e atípica, acabou perdendo por 7x3. A torcida corintiana enfurecida, que sempre procurava um culpado nas adversidades para poder ridicularizá-lo, dessa vez, elegeu o novato goleiro corintiano Gilmar, que graças a essa infeliz tarde, só voltou a atuar no time titular quase cinco meses depois, no dia 06 de abril de 1952, no amistoso realizado em Mocóca, contra o Radium, partida vencida pelo Corinthians por 4x2.

No período em que Gilmar esteve no "fundo do poço" no Corinthians e, inoportunamente, caluniado por infundados dirigentes que o acusaram de ter se vendido à Portuguesa, era proibido até mesmo de entrar na sede social do próprio clube.

Por mais inacreditável que pudesse parecer, o marasmo de Gilmar, em seu primeiro ano de Corinthians, serviu-lhe como um grande e feliz divisor de águas. Após ser execrado pela Fiel torcida em razão da fatídica derrota por 7 contra a Portuguesa, o mínimo que se esperava para Gilmar, era um futuro negro e tenebroso. Mas, na verdade, o incidente serviu-lhe para que desabrochasse o maior goleiro do Brasil de todos os tempos no contestado guarda-metas. O arqueiro começava a ganhar do técnico Rato, que, anteriormente o havia afastado, uma excelente sequência de jogos e, principalmente, começava também a mostrar frieza e maturidade até então ocultos desde a chegada ao clube.

Após o retorno de gala ao cenário nacional, Gilmar estava consciente que havia conquistado a confiança da equipe e da torcida. Em 1953, quando conquistou os títulos do Torneio Rio--São Paulo e da Pequena Taça do Mundo, foi convocado pela primeira vez para a seleção brasileira. O goleiro, aos 22 anos de idade, sob o comando de Zezé Moreira, entrou em campo pela primeira vez com a camisa do Brasil, substituindo Castilho contundido (esses foram os únicos 45 minutos que Gilmar participou da competição em que o Brasil foi derrotado na final pelo Paraguai por 3x2), na partida realizada contra a seleção da Bolívia, em jogo válido pelo Campeonato Sul-Americano, no dia 1º de março de 1953, no estádio Nacional, em Lima, no Peru. O Brasil aplicou sonoros 8x1 em cima dos bolivianos.

Os títulos conquistados e as boas atuações de Gilmar perante a meta do Corinthians, renderam-lhe a simpatia definitiva do técnico da seleção brasileira Zezé Moreira, que havia decidido convocar Gilmar para sua primeira Copa do Mundo na Suíça, em 1954. Porém, uma contusão não permitiu a sua presença no mundial e sua vaga foi herdada por seu companheiro de clube, Cabeção.

Gilmar não participou do mundial de 1954, porém, conquistou outro título importante – o Campeonato Paulista do "IV Centenário" da cidade de São Paulo.

A história de Gilmar com a camisa da seleção brasileira foi apenas abreviada com a não convocação para a Copa de 1954. Aliás, o seu triunfo nacional estava apenas começando. A frieza de Gilmar mesclada a uma calma incrível, a ponto de se manter tranquilo como se nada tive ocorrido, mesmo após falhar em um gol, o que era raro acontecer, fazia com que ele fosse um goleiro praticamente perfeito, possuidor de todas as qualidades desejadas em um arqueiro dos sonhos. Somando todos esses adjetivos, era mais do que normal a presença constante do goleiro tanto na seleção paulista como na brasileira. Logo no ano seguinte, em 1955, ainda florescendo com os louros da conquista do IV Centenário, foi convocado novamente para o Sul-Americano extra em Montevidéu. Dessa vez, como titular absoluto, repetiu a dose no campeonato seguinte no Peru, em 1957, conquistando o vice-campeonato.

Gilmar conquistou a chance de defender a meta brasileira na Copa do Mundo realizada na Suécia em 1958 com o bonachão técnico Vicente Feola, substituto de Osvaldo Brandão, que havia classificado o Brasil nas eliminatórias do mundial, e fora preterido pela personalidade forte e centralizadora, totalmente inversa ao estilo flexível e "paizão de Feola", o que agradava a jogadores e líderes da CBD, como o Doutor Paulo Machado de Carvalho, por exemplo.

Gilmar, aos 28 anos de idade, debutava em mundiais ao lado de estrelas que tinham alcançado aquele posto e nem eram titulares da seleção, como Pelé e Garrincha, que, para muitos na época, não passavam de "moleque" e "perna torta". Fez a sua estreia em mundiais, agora como titular absoluto, deixando Castilho no banco, no dia 08 de junho de 1958, contra a Áustria, na vitória brasileira por 3x0, no estádio Rimervallen Boras, em Udevalla, na Suécia. Curiosamente, o goleiro disputou todo o mundial estampando a camisa 3 nas costas, graças a uma confusão da CBD que enviou à FIFA a lista com os nomes dos jogadores sem a numeração. Afoitamente, um dirigente uruguaio da entidade, momentos antes da estreia, fez uma gentileza para a CBD colocando ele próprio (e de qualquer jeito) a numeração das camisas dos atletas. O primeiro gol sofrido por Gilmar em Copas do Mundo aconteceu apenas na semifinal contra a França no dia 24 de junho, no estádio Solna, em Estocolmo. O autor da façanha foi exatamente o maior artilheiro em uma edição de Copa do Mundo: o atacante franco-marroquino Just Fontaine, que alcançou a marca insuperável de 13 gols em 1958. Mas nem Fontaine foi suficiente para deter a equipe de Feola, que àquela altura já contava com o "moleque" Pelé e o "perna torta" Garrincha como titulares encantando o mundo. Nem o fato da muralha brasileira vazada significou algo. No final, o placar apontava Brasil 5x2 França. A grande decisão seria contra os suecos donos da casa, e a seleção canarinho de Gilmar não decepcionou, vencendo por 5x2 e conquistando o primeiro título mundial para o Brasil.

Se a Copa de 1958 mostrou além do título brasileiro, o surgimento do melhor jogador de todos os tempos – Pelé –, ela serviu também para mostrar ao mundo o melhor goleiro brasileiro todos os tempos: Gilmar. Reverenciado e escolhido por todos – inclusive pela lenda Lev (leão em russo) Yashin, o

"Aranha Negra", considerado como o melhor goleiro do mundo de todos os tempos e único goleiro indicado ao prêmio de melhor jogador europeu de 1963 – como o melhor goleiro da Copa de 1958 na Suécia. Gilmar sofreu 4 gols em 6 jogos, enquanto Yashin, melhor goleiro da história, sofreu 6 gols em 5 jogos. Certamente, a imagem que ficou eternizada após a conquista do mundial foi o choro emocionado de Gilmar ainda no gramado, após a vitória contra a Suécia, abraçado a um garoto também em prantos de alegria chamado Pelé.

No retorno ao Brasil, Gilmar e os demais jogadores desembarcaram no Rio de Janeiro acompanhados de quatro aviões da FAB. Em seguida, rumaram ao Palácio do Catete, onde receberam das mãos do Presidente da República Juscelino Kubitschek, medalhas de honra ao mérito. Gilmar, unanimidade perante a meta brasileira, continuou titular absoluto da seleção e, em 1962, na Copa do Chile, comandada por Aymoré Moreira, substituindo Vicente Feola com problemas de saúde, disputou o segundo mundial consecutivo de sua carreira, sagrando-se bicampeão mundial. Aymoré levou até Viña Del Mar (sede brasileira no mundial) praticamente o mesmo grupo da conquista da Suécia em 58. A baixa maior aconteceu durante a competição, mais exatamente na segunda partida, no empate em 0x0 contra a Tchecoslováquia, quando, após um chute de esquerda, que pegou na trave do goleiro tcheco Schroif, Pelé distendeu o músculo da coxa esquerda, sendo necessária sua substituição pelo botafoguense Amarildo no decorrer da Copa, abrindo espaço para Mané Garrincha ser o grande nome da competição. A final realizada no dia 17 de junho de 1962, no estádio Nacional, em Santiago, aconteceu ironicamente contra a Tchecoslováquia. Diferentemente do empate em 0x0 na primeira fase. Desta vez o escrete canarinho venceu por 3x1. Garrincha, expulso na semifinal contra o dono da casa, Chile, esteve presente na decisão graças a um acordo feito pelo organizadores da FIFA com as seleções, por temer o esvaziamento da final sem Garrincha e Pelé em campo. Gilmar, um dos heróis da conquista, foi carregado pelo povo chileno após o apito final do árbitro russo Nikolai Latisshev. Os chilenos, que sempre apoiaram os brasileiros durante o mundial, adotaram de vez a seleção na decisão contra os europeus, mesmo o Brasil tendo barrado o Chile na semifinal. O goleiro brasileiro tornou-se um verdadeiro ídolo dos chilenos. Em 6 jogos Gilmar sofreu 5 gols na campanha do bicampeonato.

Às vésperas de completar 36 anos de idade, Gilmar participou de seu terceiro e último mundial, em 1966, na Inglaterra. Dessa vez, porém, vitimado pela péssima campanha brasileira e principalmente pelas trapalhadas administrativas propiciadas pela CBD, presidida na época por João Havelange, Gilmar voltou para o Brasil apenas com a décima primeira colocação – um verdadeiro vexame para uma equipe cheia de feras.

Ao contrário das duas Copas anteriores, a média de gols tomados por Gilmar foi bem maior. Em duas partidas disputadas, sofreu 3 gols. Dessa vez, cedeu o lugar ao seu reserva, o pernambucano Manga do Botafogo, na última partida contra Portugal, quando o Brasil sofrera a derrota por 3x1 e a desclassificação precoce da Copa, adiando o sonho de trazer definitivamente a taça Jules Rimet para casa. No mesmo ano da fatídica Copa da Inglaterra, Gilmar, extremamente disciplinado e leal, recebeu o troféu Belfort Duarte (prêmio inspirado no jogador maranhense João Evangelista Belfort Duarte, campeão carioca pelo América em 1913, considerado um ícone da lealdade e disciplina dentro de campo. O troféu era conferido aos atletas mais disciplinados do ano). O goleiro estava há dez anos sem ser expulso. Em vinte anos de carreira, foi expulso apenas duas vezes.

Três anos mais tarde, em 1969, aos 39 anos de idade, Gilmar despedia-se da seleção brasileira no amistoso realizado contra a seleção da Inglaterra, no Maracanã, no dia 12 de junho de 1969. O Brasil venceu por 2x1. O goleiro aposentava a camisa canarinho em meio ao auge da ditadura militar brasileira do general Médici. Em 16 anos na meta brasileira, Gilmar atuou em 103 partidas, sofrendo 104 gols, conquistando os seguintes títulos: Copa do Mundo – 1958 e 62, Copa Oswaldo Cruz – 1955, 58, 61, 62 e 68, Copa Roca – 1957, 60 e 63, Copa O'Higgins – 1959 e 60 e Copa do Atlântico – 1960.

A história de Gilmar no gol da seleção brasileira foi realmente espetacular. Contudo, o retorno ao Corinthians, após a Copa da Suécia em 1958, não foi o que realmente o "Girafa" esperava. Sofrendo pelo envelhecimento do time, que já não era mais arrasador como no início dos anos 50, o engrandecimento dos adversários paulistas diretos, principalmente o auge do Santos de Pelé, culminando com a fila de títulos que já começava a incomodar, começaram a ruir a carreira de Gilmar no clube. A gota d'água aconteceu em julho de 1961, em uma briga com o presidente do clube Wadih Helou, que o acusava de fazer "corpo mole", após uma contusão no braço que precisou ser operado.

Assim, Gilmar teve o seu passe vendido ao Santos. Na Vila Belmiro, conquistou muito mais glórias e reconhecimento, sendo aclamado como o grande guardião da história Peixeira. O já forte Santos do Rei Pelé, com a chegada de Gilmar, tornou-se ainda mais forte. Ele era o goleiro espetacular para uma equipe espetacular. No clube, conquistou todos os títulos imagináveis.

Jogou contra o Corinthians pela primeira vez, no dia 23 de setembro de 1962 pelo Campeonato Paulista, na Vila Belmiro. O Corinthians, grande freguês santista, como se esperava, foi derrotado novamente por nova goleada, 5x2. Vestindo a camisa santista, entre os anos de 1962 e 1969, enfrentou seu ex-time Corinthians em onze ocasiões, venceu dez vezes e empatou uma, sofreu 16 gols e viu sua equipe balançar as redes corintianas 35 vezes, vingando definitivamente aqueles que o acusaram de fazer "corpo mole" no Parque São Jorge.

Entre as inúmeras conquistas do arqueiro com a camisa do Santos, as mais importantes foram o bicampeonato da Taça Libertadores da América e do mundial interclubes em 1962 e 1963.

A Libertadores da América de 1962 foi disputada em sua primeira fase com três grupos de três times cada, cujos campeões de cada chave classificavam-se para a fase semifinal.

O Peñarol, atual campeão, já estava classificado por antecipação para a semifinal. O Santos de Gilmar, como representante brasileiro, fazia parte do grupo 1 ao lado de Cerro Porteño do Paraguai e Deportivo Municipal da Bolívia. O Peixe conquistou a vaga em seu grupo com 7 pontos ganhos, contra 3 dos paraguaios e 2 dos bolivianos. Na primeira fase, destacam-se as vitórias por goleada na Vila Belmiro, por 6x1 contra o Deportivo Municipal no dia 21 de fevereiro de 1962 e 9x1 sobre o Cerro Porteño no dia 28 de fevereiro. Na semifinal, o Santos enfrentou a equipe do Universidad Católica do Chile, na primeira partida realizada no dia 8 de julho de 1962, em Santiago: empate em 1x1. Na partida de volta, na Vila Belmiro, no dia 12 de julho, o Peixe, com uma vitória por 1x0, garantiu a vaga na decisão.

A grande decisão seria contra os atuais campeões: o Peñarol. O duelo começou no dia 28 de julho de 1962, no estádio Centenário, em Montevidéu, lotado com milhares de fanáticos torcedores uruguaios. O Santos entrou em campo com Pagão no lugar de Pelé contundido, porém, mesmo sem o Rei, a equipe da baixada santista realizou uma apresentação de gala, batendo o forte Peñarol dentro de seus domínios por 2x1 de virada. Spencer abriu o marcador aos 18 minutos, mas o Santos, com 2 gols de Coutinho, um aos 29 minutos e outro aos 25 minutos do segundo tempo, garantiu a vitória brasileira.

O segundo duelo foi realizado em Santos, novamente sem Pelé, no dia 2 de agosto de 1962, em uma das partidas mais tumultuadas da história da Vila Belmiro. O Peñarol abriu o marcador com Sasía aos 18 minutos do primeiro tempo, Dorval empata aos 27, Spencer faz 2x1 aos 4 minutos do segundo tempo, Mengálvio empata novamente um minuto depois. Os uruguaios passam à frente com Spencer, aos 28 minutos do segundo tempo. O Santos empata novamente em seguida com Pagão. Ao término da partida, os jogadores santistas comemoraram o empate em 3x3 e, por consequência, o título. O time chegou até mesmo a dar a volta olímpica no gramado, porém, na súmula do árbitro chileno Carlos Robies, a partida havia sido dada por encerrada antes do gol de empate de Pagão, alegando problemas de falta de segurança no estádio. No dia seguinte, houve a confirmação da anulação da partida, sendo necessário um terceiro e decisivo confronto em campo neutro para decidir o caneco. A nova partida foi realizada no dia 30 de agosto de 1962, no estádio Monumental de Nuñes, em Buenos Aires, na Argentina. Pior para o time do Peñarol, que acabou sendo goleado pela máquina santista de Gilmar, Pelé e Cia. O Santos fez 1x0 com Coutinho, aos 11 minutos do primeiro tempo, após invadir a área pela esquerda e bater cruzado. No segundo tempo, logo aos 3 minutos, Pelé solta uma bomba indefensável na meia lua da grande área para fazer 2x0. Aos 44 minutos do segundo tempo, o tiro de misericórdia santista, com a marca de Pelé. Coutinho recebe a bola pela esquerda e toca para Pelé. O Rei quase na risca da pequena área, mata no peito com classe e fuzila a meta do goleiro Maidana. Santos 3x0.

Pela primeira vez, a América se tornava alvinegra; o que convenhamos, ainda seria muito pouco para aquela equipe.

Com a conquista do título da Libertadores da América, o Santos de Gilmar classifica-se para a disputa do mundial interclubes contra o Benfica, campeão da Liga dos Campeões da Europa. O primeiro confronto foi realizado no dia 19 de setembro de 1962, no Maracanã. O disputado confronto tirou o zero do placar aos 31 minutos do primeiro tempo, com Pelé vencendo o forte sistema de marcação português. Pepe cobra falta forte e rasteiro na ponta-esquerda. A bola sobra para Pelé já no interior da pequena área para fazer 1x0. No segundo tempo, a equipe do Benfica, com uma proposta um pouco mais ofensiva, reage logo aos 13 minutos, com Santana tocando na saída de Gilmar. Aos 18 minutos do segundo tempo, o desempate. Coutinho faz 2x1. Ao 40 minutos, o Santos chega ao terceiro gol. Pelé, aproveitando rebote do goleiro, manda a bomba de perna esquerda para o fundo da meta de José Rita. Mas os bravos portugueses diminuíram a diferença 2 minutos depois, novamente com Santana. Final, 3x2 para o Santos.

A segunda partida do mundial interclubes de 1962 foi realizada no estádio da Luz, em Lisboa, na partida que Pelé considera como uma das mais perfeitas de sua vida. Ao Santos, só o empate já bastava para conquistar o caneco. Ao Benfica, só à vitória interessava. Mas quem deu as cartas foi o Santos. Logo aos 15 minutos do primeiro tempo, Pepe cruza da esquerda e Pelé, de carrinho, abre o marcador. Dez minutos depois, Pelé deixa três portugueses para trás e solta a bomba para marcar um tento espetacular. Ao término da primeira etapa, a torcida portuguesa encontrava-se chateada com a certeza da derrota, porém, ao mesmo tempo feliz com a apresentação de gala do Santos. No segundo tempo, a chuva de gols alvinegra continuou. Pelé, aos 3 minutos, desce pela direita em sua tradicional arrancada, dá um drible da Vaca em seu marcador e cruza na medida para Coutinho só empurrar para o fundo das redes. Peixe 3x0.

Contudo, a grande obra prima ainda estava por vir. Pelé, aos 19 minutos do segundo tempo, marca um gol de placa. O rei entra na defesa do Benfica driblando todo mundo. Na sequência, bate forte para o gol. O goleiro luso José Rita consegue espalmar, porém, no rebote, o Rei toca para o gol vazio. Aos 32 minutos, o quinto gol santista, todavia, dessa vez, a tarefa foi menos complicada, pois o goleiro José Rita soltou uma bola de presente nos pés de Pepe, que só tocou para o gol vazio. Santos 5x0. Aos 40 e 44 minutos do segundo tempo, com gols de Eusébio e Santana, o Benfica descontou, dando números finais à partida, mas ninguém percebeu. O que estava em evidência era, sem dúvida nenhuma, o futebol contagiante do Santos. O placar de 5x2 mostrou bem todo o poder da equipe santista. Os portugueses, entusiasmados com o futebol de sonho da equipe da Vila Belmiro, reverenciavam de braços abertos os novos campeões mundiais, mesmo que a vitória tenha sido conquistada em cima do Benfica.

Na volta a Santos, após a conquista, toda a cidade esperava a chegada da equipe campeã mundial com uma calorosa recepção. No ano seguinte, Gilmar repetiu a dose, conquistando mais uma vez o título da Libertadores e do Mundial Interclubes em cima de Boca Juniors e Milan respectivamente. A grande muralha santista conquistou quatro vezes o título mundial, duas vezes com a seleção canarinho e duas vezes com o Peixe.

Em 1969, mesmo ano em que se aposentou da seleção brasileira, Gilmar também se aposentou definitivamente dos gramados, encerrando no Santos a sua vitoriosa carreira de 22 títulos, o que lhe rendeu uma conquista pessoal, sendo o goleiro mais vezes campeão do futebol brasileiro de todos os tempos.

O goleiro encerrou a sua vida profissional no futebol, mas estava longe de encerrar a sua liderança exercida em vinte anos de carreira. Logo após sua despedida dos gramados, Gilmar foi convidado a presidir o Sindicato dos Atletas Profissionais do Estado de São Paulo, cargo em que permaneceu até meados de 1971. Em 1982, após um longo hiato de onze anos que o separou da vida futebolística, atuando como comerciante de automóveis, voltou a atuar na seleção brasileira, dessa vez como supervisor técnico ao lado do treinador Carlos Alberto Parreira, com a difícil missão de renovar a seleção duramente eliminada na Copa da Espanha em 82. Permaneceu no cargo até 1984, quando em solidariedade à Parreira, demitido pela CBF, decidiu pedir demissão. Voltou a atuar como dirigente esportivo em 2000, porém, em um cargo público como secretário de esportes da Prefeitura de São Paulo, precisando afastar-se, infelizmente, devido a um derrame ocorrido no dia 16 de junho de 2000, que o deixou internado na UTI, às vésperas de completar 70 anos de idade. Felizmente, o guardião santista sobreviveu. No entanto, hoje vive com grande parte de seu corpo paralisado. Gilmar, que sonhava em ser médico antes de ser jogador de futebol, viu o sonho materializar-se com o filho Rogério Izar Neves, cirurgião plástico e grande pesquisador no combate ao câncer de pele em São Paulo.

Com sua calma, técnica, frieza e liderança, Gilmar foi sinônimo de confiança à frente do lendário gol santista. Em sete anos de clube, manteve tranquilos os zagueiros que com ele jogavam, pois sabiam que a única posição do time que jamais poderia falhar estava guarnecida com o melhor goleiro brasileiro de todos os tempos. Gilmar foi, sem a menor sombra de dúvidas, o goleiro à altura real da grandeza da equipe do Santos. Em 331 jogos com a camisa do Peixe, acabou sofrendo 412 gols.

Gilmar dos Santos Neves, que com a camisa do Santos, conquistou as maiores glórias possíveis na vida de um jogador de futebol, provou que é possível nascer grama onde pisa um goleiro, desde que o goleiro seja ele, é claro.

## MAURO RAMOS DE OLIVEIRA

Ao longo dos tempos, alguns jogadores se notabilizaram como verdadeiros monstros sagrados do futebol brasileiro e mundial. A categoria e grandeza desses heróis eram tão espetaculares, que ficaram conhecidos por seus nomes e sobrenomes. Só para citar alguns exemplos clássicos, lembramos nomes como Gilmar dos Santos Neves, Jair da Rosa Pinto, Carlos Alberto Torres, Cláudio Christóvam de Pinho, entre outros. O zagueiro que iremos destacar agora também se encaixa nessa célebre galeria e ficou conhecido por Mauro Ramos de Oliveira, um dos melhores zagueiros do mundo e de toda a história do Peixe.

A categoria e cordialidade do grande capitão do bicampeonato mundial da seleção brasileira na Copa do Mundo do Chile em 1962 eram tão grandes, que quando o jogador queria tocar na bola, parecia estar pedindo licença a ela, e quando tocava, parecia estar flutuando, realizando sempre passes perfeitos e eficientes. Sua sutileza e graça com a bola nos pés chegaram a ser comparadas a Marta Rocha (a mais famosa Miss Brasileira em todos os tempos, nascida na Bahia em 1936. Martha Rocha conquistou o título de Miss Brasil em 1954 e, no mesmo ano, injustamente, o segundo lugar no concurso de Miss Universo), alcunha que acompanhou o craque em sua carreira. Mauro Ramos era como a Miss, bonito e elegante, dentro e fora de campo. Seu futebol o tornou respeitado absolutamente por todos os grandes rivais do Santos.

O mineiro Mauro, nascido em Poços de Caldas, no dia 30 de agosto de 1930, iniciou sua trajetória no futebol, defendendo a equipe amadora do Vargem Grande do Sul, aos 16 anos de idade, em 1946. Desde muito cedo, suas qualidades na defesa já eram evidentes. O zagueiro atuou em diversas equipes de Poços de Caldas, como o Cascudinho, Caxias, RAF e Caldense. Em 1948, o jogador se transferiu para o time profissional do Sanjoanense, de São João da Boa Vista, cidade vizinha a Poços de Caldas. Atuando nessa última equipe, o zagueiro clássico, que cabeceava muito bem e tinha um espírito de liderança incomum para um jovem de sua idade, despertou o interesse de grandes clubes da capital paulista, entre eles São Paulo e Palmeiras. O ex-zagueiro são-paulino, Piolim, maravilhado com o futebol cheio de estilo de Mauro Ramos de Oliveira, que para muitos se assemelhava a Domingos da Guia, acertou sua contratação pelo São Paulo, vencendo a briga com o rival Palmeiras, clube que também estava muito interessado na aquisição do atleta.

Em 1948, o jovem Mauro, com apenas 18 anos, chegava ao São Paulo apenas como uma grata surpresa, apesar de já ser apontado como um grande zagueiro. Um mês após sua chegada ao clube, fez sua partida de estreia contra o Juventus da Mooca, atuando como lateral-direito. Posteriormente, o jovem Mauro substituiu o argentino Armando Renganeschi no miolo de zaga do São Paulo. Aos poucos, Mauro foi mostrando todo o seu estilo à torcida. Extremamente leal, Mauro era um jogador incapaz de apelar para a violência em uma disputa de bola, mesmo quando era necessário "chegar junto" a um atacante adversário.

O jovem zagueiro mostrou-se muito pé quente, além de assumir a titularidade da zaga do São Paulo como se fosse um veterano. Logo em seus dois primeiros anos de clube, conquistou o Campeonato Paulista de 1948 e 1949, atuando ao lado de feras como Rui, Bauer, Noronha e Leônidas da Silva.

A partir dessas conquistas, Mauro, aos 19 anos de idade, já era encarado como uma bela e feliz realidade do futebol brasileiro, tanto que, em 1949, o jogador encheu os olhos do técnico da seleção brasileira Flávio Costa, que decidiu convocá-lo para a disputa do Campeonato Sul-Americano em 1949, disputado no Brasil. O zagueiro Mauro estreou com a camisa da seleção brasileira no dia 10 de abril de 1949, contra a seleção da Bolívia, no Pacaembu, em São Paulo, com a histórica e sonora goleada de 10x1 para cima do time boliviano. Esse foi o primeiro título de Mauro com a camisa da seleção brasileira.

Por muito pouco, Mauro não integrou o quadro da seleção canarinho que disputou a Copa do Mundo em 1950, no Brasil. O técnico do escrete nacional, Flávio Costa, era um grande admirador do futebol do jovem Mauro, mas preferiu contar com os intocáveis titulares Augusto e Juvenal e os mais experientes Nena e Pinheiro para a suplência. Se houvesse algum problema com qualquer um destes quatro zagueiros para o mundial, a opção seria, sem dúvida nenhuma, Mauro Ramos de Oliveira. Atualmente, é impossível saber se foi melhor ou pior para Mauro ter ficado fora do mundial de 1950. Afinal de contas, o jogador deixou de participar de uma Copa do Mundo com a camisa da seleção brasileira, mas, por outro lado, não ficou marcado pelo fantasma do "Maracanazo".

De volta ao São Paulo, Mauro já havia se tornado uma unanimidade na equipe. Apesar de muito jovem, já havia cativado seu espaço em meio a craques consagrados do futebol brasileiro que atuavam no time, que entre outras feras contava com "somente" Leônidas da Silva no comando de ataque.

Em 1953, o jogador voltava a conquistar mais um Campeonato Paulista, formando um trio inicial que ficaria marcado na história do futebol brasileiro: Poy, De Sordi e Mauro.

No ano seguinte, aos 24 anos, mais maduro e experiente, Mauro enfim recebe a oportunidade de disputar uma Copa do Mundo pela primeira vez. Convocado por Flávio Costa para o mundial da Suíça, o jogador permaneceu toda a competição como reserva do zagueiro do Fluminense Pinheiro, sem atuar em nenhuma partida. Em 1957, o zagueiro conquista mais um título de expressão – o Campeonato Paulista.

No ano seguinte, recebeu nova oportunidade de disputar uma Copa do Mundo, dessa vez sob o comando de Vicente Feola. O zagueirão foi convocado para a disputa do mundial da Suécia, país em que o Brasil se consagraria pela primeira vez campeão mundial. Mas, como na Copa de 1954 na Suíça, novamente o zagueiro ficou apenas como opção do banco de reservas na suplência de Bellini, jogador que seria um dos grandes amigos particulares de Mauro Ramos de Oliveira.

Após a conquista do primeiro título mundial com a camisa da seleção brasileira, mesmo permanecendo apenas na reserva, o zagueiro era cada vez mais respeitado. Em 1960, o jogador de personalidade forte, apesar de ser extremamente cordial tanto dentro como fora de campo, sempre se mantendo longe das confusões, desentendeu-se com o então técnico do São Paulo, Vicente Feola, custando-lhe sua saída do clube.

O destino do craque, então, foi a Vila Belmiro, sendo envolvido em uma das maiores transações até então do futebol brasileiro. Cerca de 5 milhões de cruzeiros foram gastos na contratação do beque. O jogador chegava ao Santos na companhia do goleiro Gilmar e do lateral Calvet a fim de solucionar um dos poucos problemas da equipe que contava com Pelé: a defesa. Mauro Ramos de Oliveira chegava ao Santos para ser outro fantástico da equipe. Se o Santos tinha Gilmar no gol, Zito no meio e Pelé no ataque, Mauro Ramos de Oliveira chegava à Vila Belmiro para completar os setores (gol, defesa, meio-campo e ataque) de fora de séries da equipe santista.

Mas a chegada de Mauro à Vila Belmiro, a princípio, não foi como ele esperava. A maior parte da torcida do Peixe desconfiava de Mauro, acreditando que o zagueiro era "são-paulino" demais para jogar no Santos. Porém, a desconfiança da torcida durou pouco tempo. Com seu futebol vistoso, cheio de técnica e qualidade irretocável e inquestionável, o craque juntou-se definitivamente a todas as feras que já estavam presentes no coração do torcedor santista.

Com a camisa do Santos, Mauro fez história, conquistando cinco vezes o Campeonato Paulista em 1960, 61, 62, 64 e 65; três vezes o Torneio Rio-São Paulo em 1963, 64 e 66; cinco vezes a Taça Brasil em 1961, 62, 63, 64 e 65; duas vezes a Taça Libertadores da América em 1962 e 63; e dois Mundiais Interclubes em 1962 e 63.

Em 1961, sob o comando de Aymoré Moreira, Mauro conquistou mais uma vez, com a seleção brasileira, o torneio Bernardo O' Hinggis.

No ano seguinte, no Chile, o jogador recebeu a terceira oportunidade de vestir a camisa da seleção brasileira em uma Copa do Mundo. Dessa vez, Mauro Ramos de Oliveira, que sempre foi de certa forma uma unanimidade nacional, graças ao seu futebol de alto estilo, cansou de ser reserva e resolveu literalmente enfrentar o técnico do escrete canarinho Aymoré Moreira. Nos dois primeiros mundiais, Mauro aceitou a condição de reserva da equipe, pois como o próprio jogador salientou, nas outras oportunidades ainda era jovem e sofria uma concorrência muito grande com outros grandes zagueiros.

No entanto, no mundial do Chile, aos 32 anos, o zagueiro, com sua peculiar "mineirice", praticamente impôs ao técnico Aymoré Moreira sua condição de titular, dizendo-lhe que estava em melhores condições que Bellini e havia chegado a sua hora de entrar em campo como titular do selecionado brasileiro. Sem saída e espantado com a coragem da atitude tomada por

Mauro Ramos de Oliveira, bem como temendo que o jogador abandonasse o selecionado, o técnico do time canarinho não só colocou Mauro como titular da equipe, como também lhe deu, além da moral merecida e necessária, a tarja de capitão da equipe.

A tão aguardada estreia de Mauro Ramos de Oliveira como titular da seleção brasileira em uma Copa do Mundo aconteceu no dia 30 de maio de 1962, no estádio Sausalito, em Viña Del Mar, contra a seleção do México. O Brasil, com gols de Pelé e Zagallo, venceu por 2x0.

Na segunda partida do Brasil no mundial, contra a seleção da Tchecoslováquia, realizada no dia 2 de junho, no mesmo estádio Sausalito, um empate em 0x0, partida em que Pelé se contundiu, ficando fora do restante do mundial, substituído por Amarildo. No dia 6 de junho, o Brasil encontrou pela frente a seleção da Espanha, vencendo por 2x1, com 2 tentos de Amarildo. Nas quartas de final contra a seleção da Inglaterra, em partida realizada no dia 10 de junho, ainda em Sausalito, o Brasil, com 2 gols de Garrincha e um de Vavá, passou à próxima fase, vencendo por 3x1. Na semifinal, o escrete canarinho teve pela frente os donos da casa e, não fazendo por menos, venceu os chilenos por 4x2. Em 13 de junho de 1962, no estádio Nacional em Santiago, carimbou o passaporte rumo a mais uma decisão de título mundial, vencendo o Chile, com 2 gols de Garrincha e 2 gols de Vavá.

A grande decisão do bicampeonato mundial aconteceu em 17 de junho de 1962, no estádio Nacional em Santiago, contra a seleção da Tchecoslováquia, equipe que o Brasil já havia enfrentado na primeira fase do mundial, empatando em 0x0. O time tcheco abriu o placar com Masopust, o Brasil virou com gols de Amarildo, Zito e Vavá, vencendo por 3x1 e conquistando o bicampeonato mundial. O Brasil, mesmo com Pelé machucado por quase toda a competição, era novamente campeão do mundo.

Mauro Ramos de Oliveira enfim conseguia escrever seu nome em meio aos grandes campeões mundiais da seleção brasileira. O zagueiro, capitão da equipe, ergueu a Taça Jules

Rimet, provando ao técnico Aymoré Moreira que toda a confiança depositada em seu pedido para ser titular não tinha sido em vão. O jogador se consagrou, eternizando um gesto que ficou marcado na história, com a taça do mundo ao alto, para mais de 70 mil pessoas em pleno estádio Nacional do Chile onde, onze anos depois, infelizmente, serviu de prisão política no golpe militar imposto pelo general Augusto Pinochet, derrubando do cargo o então presidente eleito do Chile, Salvador Allende.Ele se consagrava como grande capitão da conquista do bicampeonato mundial. Sobre o mundial conquistado em 1962, no Chile, Mauro declarou: "A Copa em si não foi complicada. Na hora do aperto, eu soltava um palavrão, e a gente saía do sufoco. Tremedeira mesmo deu na hora de levantar a taça".

Mauro Ramos de Oliveira despediu-se da seleção brasileira no amistoso realizado contra a União Soviética, no estádio do Maracanã, em dia 21 de novembro de 1965, cujo placar apontou o empate em 2x2. Foram 16 anos de serviços prestados à seleção brasileira, sendo que o craque esteve presente em 30 partidas.

O jogador permaneceu atuando pelo Santos até 1967, quando em conversa com sua esposa Eni, no alto de seus 37 anos, decidiu que havia chegado a hora de parar com o futebol e se aposentar, dedicando mais tempo aos filhos Mauro, Sílvia e Márcio. Mas antes da aposentadoria, realizou sua última cartada na vida profissional como jogador de futebol, aceitando a proposta irrecusável do Toluca do México. Mauro despediu-se do Santos após 7 anos, atuando em 354 partidas.

No time mexicano, Mauro conquistou o Campeonato Nacional e a Copa México. Logo em seguida, decidiu abandonar definitivamente o futebol após uma contusão muscular na virilha.

Fora dos gramados, decidiu se preparar para a carreira de treinador, iniciando cursos de especialização nos Estados Unidos. Começou sua carreira de técnico dirigindo o Deportivo Oro do México, retornando ao Brasil a fim de dirigir o Coritiba e posteriormente o Santos. Por não conquistar nenhum título de expressão atuando como técnico, decidiu então se afastar definitivamente do futebol, tornando-se comerciante. Foi vendedor de imóveis e abriu uma casa lotérica na Rua Assis Figueiredo em Poços de Caldas.

No período em que foi comerciante, o grande ídolo da zaga afastou-se definitivamente do futebol. Nem comparecia às homenagens que eram feitas, porém, nunca deixou de lado as grandes amizades que fez no futebol, como Bauer, por exemplo, amigo que Mauro Ramos de Oliveira carinhosamente chamava de "Compadre Bauer".

Posteriormente, cansado da agitação paulistana, decidiu retornar à sua terra natal, Poços de Caldas, para seguir a vida na calmaria do balneário mineiro. Desde então, era raro ouvir qualquer coisa a respeito do ex-zagueiro. Mauro preferia permanecer longe dos holofotes, curtindo sua aposentadoria. Uma das raras ocasiões em que o jogador esteve presente na mídia foi na homenagem realizada pela CBF, em 1984, aos três capitães das conquistas dos três títulos mundiais até então conquistados pelo Brasil: Bellini, Mauro Ramos de Oliveira e Carlos Alberto Torres, com uma réplica da Taça Jules Rimet original, que foi roubada e derretida em 1983.

Em 1998, o filho e morador mais ilustre de Poços de Caldas recebeu da Prefeitura local uma estátua de bronze em tamanho natural, que se encontra no centro da cidade.

Em 2000, voltou a estar na mídia, porém, por um fato nada agradável. Mauro Ramos de Oliveira foi internado na Unidade de Terapia Intensiva do Hospital Nove de Julho, em São Paulo, devido a problemas cardíacos. Em 2002, castigado pelos problemas de coração e um câncer no intestino, mesmo com muita luta e força de vontade, o ex-jogador faleceu na Santa Casa de Misericórdia em Poços de Caldas, no dia 18 de setembro de 2002, aos 72 anos de idade. O maior zagueiro da história santista em todos os tempos reforçava a equipe do céu.

Mauro Ramos de Oliveira foi um zagueiro que marcou época, tanto pelo seu futebol cheio de técnica, categoria e elegância, como pela sua lealdade, honestidade e simpatia fora de campo. Foi um líder nato, um jogador que nasceu para brilhar, respeitado por jogadores e torcedores rivais, que sempre tiveram na figura de Mauro, muito mais que um zagueiro; uma estrela do futebol mundial. Em toda a história do Santos, o nome cheio de pompa de Mauro Ramos de Oliveira será eternizado como o maior zagueiro do clube em todos os tempos.

## PEPE

Segundo o próprio senhor José Macia, nascido em Santos, no dia 25 de fevereiro de 1935, ele é o maior jogador de toda a história do Santos que mais vezes vestiu o manto sagrado alvinegro, além de ser o maior artilheiro do clube. Mas com todas essas afirmações, alguém deve estar se perguntando: "E Pelé?". O próprio José Macia, mais uma vez explica que ele é tudo isso o que relatou, contudo, é humano, ao passo que Pelé é de outro mundo. Portanto, José Macia, o popular Pepe, é o maior expoente de carne e osso da história do Peixe. Quando indagado a respeito de quem era o maior jogador do clube, sem titubear, respondia que era ele. Se caso alguém lhe dissesse que era Pelé, rapidamente o velho ídolo rebatia: "O Crioulo não conta, ele não é humano". Na realidade, após o Rei do Futebol, Pepe é o maior artilheiro e recordista de partidas com a camisa do Santos. O ponta-esquerda, além de se notabilizar por sua técnica, ficou conhecido mundialmente pela potência de seu chute de perna esquerda, recebendo a alcunha pela qual é reconhecido e notabilizado até hoje: "Canhão da Vila". Outra característica marcante na vida de Pepe foi o fato de o jogador jamais ter vestido outra camisa como profissional, sendo o Santos o grande amor de sua vida.

Filho dos espanhóis da Galícia, José Macia e de Clotilde Arias Macia, Pepe era o mais novo de uma família de três irmãos. A criação dos filhos da família Macia foi modesta e sempre dentro da rígida educação espanhola. Os irmãos Silvio, Mario e José tinham no futebol sua principal diversão, porém, contavam com o sentimento oposto ao pai, dono de uma mercearia em São Vicente, que sonhava em ver seus filhos dando continuidade a seus negócios. Jogar futebol nem pensar. O "Espanhol", como era conhecido, dizia aos filhos que teriam que estudar e ter uma profissão decente, já que para ele, jogar futebol era coisa de vagabundo.

Uma tragédia tomou conta da família Macia no final dos anos 30 com a morte do irmão mais velho, Sílvio, que havia caído do parapeito da janela enquanto brincava. Dos três irmãos, restaram apenas Mario e José, nascendo uma grande amizade entre ambos, pois adoravam jogar botão, empinar pipa, soltar bombinha, enfim, tudo o que uma infância feliz poderia ter trazido aos dois garotos. Ainda assim, a grande paixão dos meninos era o futebol. Adoravam jogar com bola de borracha, que ganhavam do pai de presente de Natal.

Mas, além do futebol, outro fato marcou a infância de Pepe. Quando o menino tinha apenas quatro anos de idade, observou, caindo dos céus, um enorme balão, em uma noite de São João, na rua fechada Antônio Bento, em Santos, onde Pepe residia com a família. Os meninos maiores maravilhados com o balão que estava caindo, ameaçavam bater em quem quisesse pegá-lo, porém, o menino Pepe tirou o sapato dos pés e atirou nele quando estava bem próximo ao chão. O sapato de Pepe atravessou o balão de um lado a outro. Os meninos maiores admirados e incrédulos com a peripécia do pequeno Pepe desistiram de bater no garoto.

Por mais que o pai não quisesse, o futebol estava no sangue dos irmãos Macia, tanto que ambos atuavam no futebol varzeano de São Vicente. Pepe, aos 9 anos de idade, chegou a formar o infantil alvinegro, e sua mãe, Clotilde, até costurou os distintivos. Em seguida, atuou também no Mota Lima e Vila Melo, dois clubes rivais que mais tarde se fundiram, formando o Clube Atlético Continental, time no qual Pepe atravessou sua melhor fase no período varzeano, como meia-esquerda (Pepe é presidente de honra do Continental até hoje). Ele se destacava cada vez mais no futebol de várzea, sendo constantemente chamado para as peladas. Outra característica que marcava o jovem atacante era sempre jogar de boné, com a aba virada para trás. Quando corria, tirava o boné e o segurava na mão.

O amor pelo futebol crescia vorazmente, o que dificultava a tarefa do "Espanhol" em tentar barrar o filho caçula do mundo da bola. Com o tempo, o pai foi convencido por amigos que poderia ter sucesso no futebol, pois era detentor de uma técnica invejável, além da bomba na canhota. Assim, Pepe deu início ao grande caso de amor de sua vida: o Santos Futebol Clube. Ingressou nas categorias de base do clube para não sair mais, fazendo história. O jogador chegou à Vila Belmiro trazido pelo goleiro Cobrinha, no dia 4 de maio de 1951, a fim de realizar um teste. O garoto jogou um bolão e marcou um gol com a sua tradicional bomba. O técnico dos infantis do Santos, Saul, que também era massagista e trabalhava na funerária Rosário, em Santos, pediu a Pepe que, no dia seguinte, levasse seus documentos, pois seria inscrito na equipe. O filho do "Espanhol", que já se dava por satisfeito em jogar uma única vez no gramado da Vila Belmiro, delirava com a possibilidade de poder atuar no time do Santos, mesmo sendo torcedor do Hespanha quando criança (clube que deu origem ao Jabaquara). Pepe passou na peneira, mas o técnico Saul deixou bem claro que não seria possível atuar de boné, aconselhando o então menino de 16 anos a comprar uma redinha, que custava dois cruzeiros nas Lojas Americanas, creditando ao uso prolongado do boné, a ausência de cabelos.

Pepe atuava ao mesmo tempo nos infantis do Santos e do Continental. Após uma partida no amador do Santos, corria para pegar o bonde 17 até o centro da cidade. Chegando lá, pegava outro ônibus com destino a São Vicente para jogar pelo

Continental. Na várzea, o "Canhão" realizava inúmeras proezas, como na partida contra o Santa Maria, quando o Continental estava sendo derrotado por 3x0, Pepe chegou, entrou na partida e acabou marcando 3 gols, empatando o jogo. Em uma partida amistosa contra o campeão da várzea, o Alemoa, o Continental venceu por 6x1, Pepe marcou 4 tentos. Mas segundo o próprio Pepe, o seu maior feito na várzea aconteceu na partida amistosa contra a seleção de São Vicente, no campo do Bonsucesso, quando o Continental venceu por 6x2.

Na Vila Belmiro, tornou-se um dos grandes jogadores da base santista, atuando ainda como meia-esquerda. Ao lado de Del Vecchio, era o grande nome do time. Segundo palavras do próprio Pepe, o time infantil do Santos não era forte. O treinador Saul, que era também massagista e trabalhava na funerária Rosário, possuía grande vontade, além de ser santista roxo, porém, não possuía muito tempo para se dedicar à equipe infantil. Ainda assim, Pepe conseguia se sobressair, tanto que o técnico dos juvenis, Luiz Alonso Perez – o popular Lula –, que havia chegado da Portuguesa Santista para tomar conta dos juvenis do Santos, solicitou a presença do garoto na categoria.

Atuando nas categorias de base do Santos, Pepe resolveu anotar todas as suas partidas, mesmo ainda sem saber se iria se tornar profissional. Hoje são três velhos cadernos que Pepe guarda em sua casa, onde estão registradas todas as partidas do profissional e praticamente todas do período amador. Suas anotações servem como referência para o ídolo santista.

O jogador fez sua estreia no time principal do Santos em uma partida válida pelo Torneio Rio-São Paulo, contra o Fluminense, no estádio do Pacaembu. Ele entrou na partida aos 25 minutos do segundo tempo. O técnico da equipe era o italiano Giuseppe Ottina, que balançava no cargo, e pediu a Pepe que entrasse no jogo para marcar um gol e salvar seu emprego. Pepe não conseguiu marcar e o Santos foi derrotado para o Fluminense por 2x1. Giuseppe Ottina perdeu seu emprego, e Lula foi efetivado em seu lugar.

O dono da ponta-esquerda da equipe do Santos era Tite, mas o jogador discutia com a diretoria do Peixe os valores para a renovação de seu vínculo contratual com o clube. Impossibilitado de jogar, a comissão técnica não pôde contar com o futebol de Tite na excursão realizada ao Peru. Dessa forma, o garoto Pepe foi chamado para substituí-lo, realizando assim sua primeira viagem internacional.

Enganaram-se aqueles que achavam que o garoto Pepe decepcionaria em sua primeira grande viagem pelo clube. Em terras peruanas, o Santos realizou 9 amistosos vencendo 8, anotando 3 gols na excursão, destacando-se ainda mais na partida realizada contra o Alianza Lima, vencida pelo Santos por 4x2. Além de anotar um tento, Pepe foi considerado o melhor jogador da partida.

No mesmo ano em que ascendeu à equipe profissional do Peixe, o jogador conquistou o Campeonato Paulista. A equipe da Vila Belmiro quebrou um jejum de 20 anos, que acontecia desde 1935, ano da última conquista do clube. Para conquistar o caneco, o Santos precisava vencer o Taubaté fora de casa, e uma derrota significaria a perda do título para o rival Corinthians. O time do Parque São Jorge enviou a velha "mala preta" para o Taubaté vencer o Santos. Pepe não era titular absoluto da equipe, mas nessa partida foi escalado como titular por intervenção do vice-presidente santista Modesto Roma, que confiava no seu futebol por ele sempre marcar na Vila Belmiro. O cartola santista estava certo, pois quando o jogo estava empatado em 1x1, Pepe divide uma bola no meio-campo com o zagueiro Manduca. Muitos queriam falta, mas o árbitro da partida não marcou. O "Canhão da Vila" partiu em velocidade e bateu cruzado, anotando o gol do título. Após o jogo, a festa aconteceu na mercearia de seu pai, e os amigos carregaram Pepe nos ombros. A festa foi regada a muitos comes e bebes. Aliás, segundo o próprio Pepe, muito mais "bebes" do que comes. Com a conquista do Campeonato Paulista de 1955, ouviu-se, pela primeira vez, a famosa marchinha "Leão do Mar".

O título paulista conquistado pelo Santos de Pepe em 1955 foi apenas o primeiro de muitos do jogador, consagrando-se, mais tarde, como o jogador que mais vezes foi campeão paulista de toda a história. Ao todo, o "Canhão da Vila" conquistou o charmoso torneio em 10 ocasiões: 1955, 1956, 1958, 1960, 1961, 1962, 1964, 1965, 1967, 1968 e 1969.

Pepe foi o último nome da linha de ataque que todo santista e muitos torcedores de outras equipes sabem na ponta da língua: Durval, Mengálvio, Coutinho, Pelé e Pepe.

O grande ponto forte dessa equipe era a união. Às vezes, quando um jogador não estava bem, era compensado por outro que corria por dois. Mesmo jogando ao lado dessas grandes feras na linha de ataque peixeira, Pepe confessou que gostava mesmo era de jogar ao lado de Pagão, pois a metade dos gols que marcou, segundo ele, saíram de seus pés.

A bola parada era uma grande arma da equipe da Vila, pois lá estava Pepe, o "Canhão da Vila". A bomba desferida pelo ponta-esquerda era um verdadeiro pesadelo para qualquer goleiro adversário. Em várias ocasiões, o craque levou jogadores adversários a verdadeiros nocautes dentro de campo. Um dos mais famosos foi em um clássico disputado na Vila Belmiro, contra o São Paulo, em cima do lateral-esquerdo Alfredo Ramos, que na barreira de uma cobrança de falta, ficou desacordado após uma bomba de Pepe que explodiu em sua cabeça. Mas Pepe não sabia apenas distribuir pancadas na bola. Quando o assunto era bola colocada, ele também cobrava com a mesma maestria. A alcunha "Canhão da Vila" foi criada pelos cronistas De Vaney do jornal "A Tribuna" e Ernani Franco da "Rádio Atlântica".

Pepe era um verdadeiro craque que vivia um momento mágico ao vestir a camisa de um time mágico, destacando-se como uma das principais peças da forte engrenagem santista. Com tudo isso, a vida de Pepe na seleção brasileira parecia ser fácil, porém, não foi bem assim que aconteceu. A estreia de Pepe com a camisa da seleção brasileira aconteceu no dia 8 de julho de 1957, contra a Argentina, no estádio Monumental de Nuñes, em partida válida pela Taça do Atlântico. Pepe entrou em campo substituindo Ferreira. O jogo terminou empatado em 0x0. Seu primeiro tento com a camisa da seleção canarinho aconteceu na terceira partida em que esteve em campo, defendendo o escrete nacional, no jogo realizado contra a seleção da Tchecoslováquia, no dia 8 de agosto de 1956, no estádio do Pacaembu. O Brasil venceu por 4x1, anotando o "Canhão da Vila" 2 gols. O ídolo santista foi convocado em duas oportunidades para a Copa do Mundo: em 1958 e 1962.

No entanto, nas duas ocasiões, ele se contundiu e não entrou em campo em nenhuma partida, causando-lhe grande decepção. Pepe se sentiu feliz por fazer parte do grupo bicampeão do mundo, mas sempre sonhou poder defender o escrete canarinho dentro de campo em uma partida oficial de Copa do Mundo como titular e não como reserva. Em 1958, Pepe era o titular absoluto da posição, mas no amistoso realizado contra a Internacionale de Milão, no dia 1º de junho de 1958, no estádio San Ciro, em Milão, o "Canhão da Vila" machucou o tornozelo após uma entrada por trás do ponta-direita italiano Bichicle, e o pé de Pepe literalmente "entortou". Ao término da partida, cujo placar apontava a vitória do escrete canarinho por 4x0, Pepe nem conseguiu calçar o sapato, precisando embarcar no aeroporto com destino à Suécia de chinelo, pois seu pé estava muito inchado. A Copa do Mundo se iniciaria uma semana depois. Pepe recuperou-se apenas na quarta partida da seleção brasileira no mundial, cuja equipe já se encontrava encorpada e definida. Em 1962, ele se contundiu em um amistoso realizado contra a seleção do País de Gales, no dia 12 de maio de 1962, no estádio do Maracanã, no Rio de Janeiro, cuja partida o Brasil venceu por 3x1. Nesse amistoso, Pepe sofreu uma forte torção no joelho esquerdo. O médico da seleção na época, Doutor Hilton Gosling, disse a Pepe que ele viajaria ao Chile assim mesmo. A vontade de Pepe em jogar era tão grande que o jogador não poupou esforços pela sua recuperação, chegando a sofrer queimaduras no joelho em razão das inúmeras sessões de toalhas quentes realizadas pelo massagista da CBD, Mário Américo. Mas não teve jeito, Pepe nem conseguia andar. Ainda assim, o craque da Vila sofreu inúmeras críticas de cronistas e torcedores dizendo que ele não tinha espírito de seleção, o que muito lhe incomodava e magoava. Pepe quase não se machucava no Santos, mas na seleção brasileira, infelizmente, tinha o azar de se contundir sempre nos momentos mais importantes. Quem se deu bem com as contusões de Pepe nos dois mundiais em que fez parte do elenco foi Zagallo, que herdou a condição de titular da equipe. Muitos apontavam o ídolo santista superior a Zagallo. Após a Copa do Mundo de 1962, no Chile, recuperado, Pepe voltou à condição de titular do time canarinho. A última apresentação do "Canhão da Vila" com a camisa da seleção brasileira aconteceu no dia 19 de maio de 1963, contra a seleção de Israel, no estádio Ramat Gan, em Telavive. O Brasil venceu por 5x0. Pepe disputou 41 partidas com a camisa da seleção brasileira, anotando 22 tentos.

Uma característica marcante de Pepe durante os seus 15 anos de carreira foi o fato de nunca ter sido expulso. A lealdade, disciplina e cordialidade de Pepe, dentro e fora de campo, eram marcas registradas do Canhão.

Após a conquista do primeiro título mundial de Pepe na Suécia, em 1958, ele conheceu Lélia Serrano, que se tornaria a grande companheira de sua vida. Dessa união, surgiram quatro filhos e cinco netos. Pepe conheceu Lélia em Santos. O flerte entre eles já era corriqueiro. De sua casa, Pepe observava a moça bonita passar pela rua todos os dias. Pepe e Lélia se conheceram no dia 7 de dezembro de 1958, data em que o Santos havia vencido o Corinthians na Vila Belmiro pelo Campeonato Paulista, por 6x1, anotando o jogador um tento. Naquele dia chovia muito. Após a partida, Pepe e seus amigos estavam em frente ao restaurante Gaudio em Santos, quando, repentinamente, a bela passou, acompanhada de sua prima, com o guarda-chuva na mão. Os amigos de Pepe foram embora, mas ele ficou, e enfim pôde conhecer aquela que se tornaria sua esposa. Cinco dias depois, Pepe deu um beijo no rosto de sua amada, gesto considerado muito atrevido para os padrões de moral da época. Assim, Pepe decidiu pedir a mão de Lélia a seus pais, o senhor Serrano e a senhora Laura, e com o consentimento deles, Pepe começou a namorar em casa, ficou noivo e cinco anos depois, em 1964, casou-se na mesma igreja em que havia sido batizado, o Coração de Maria, em Santos. O "Canhão da Vila" tinha 29 anos e Lélia 24. A igreja estava repleta, principalmente pelo público feminino, que considerava Pepe um grande galã, esperançoso por um "não" da noiva. Mas tudo correu como o esperado e Pepe selou sua feliz união com Lélia.

No ano em que Pepe conheceu Lélia e conquistou o primeiro título mundial com a camisa da seleção brasileira, esteve em campo em um duelo espetacular contra o Palmeiras, no estádio do Pacaembu, em partida válida pelo Torneio Rio-São Paulo, em 6 de março de 1958. O Palmeiras abriu o placar com Mazzola aos 18 minutos do primeiro tempo. Pagão vira o jogo aos 21 e 25 minutos respectivamente do primeiro tempo. Mazzola empata novamente aos 26, 2x2. Mas o Santos, com Pelé aos 32 e 38 e Pepe aos 40 minutos do primeiro tempo, muda o placar para 5x2. A primeira etapa termina com a enorme vantagem santista. Mas no segundo tempo, o inesperado acontece. O Palmeiras, com Urias aos 18 e 19, Paulinho aos 27, cobrando pênalti e Nardo aos 34 minutos da segunda etapa, viram o placar para 6x5 a favor do Palmeiras. Contudo, outra virada ainda estava por vir. Pepe, aos 38 e aos 41 minutos do segundo tempo, decretou a grande e épica vitória santista por 7x6. Pepe anotou três tentos nessa inesquecível partida, e foram registradas três mortes de torcedores por enfarte, em uma das partidas mais emocionantes da história do futebol mundial de todos os tempos. Ele adorava marcar contra o time do Parque Antártica, e era considerado um grande algoz do Palmeiras.

Nos anos 60, o "Canhão da Vila" viveu o auge no Santos, sendo um dos destaques principais das conquistas da Taça Libertadores da América e do Mundial Interclubes em 1962 e 1963.

Fora dos gramados, cultivava uma grande amizade com o Rei do Futebol. Pepe e Pelé moravam no mesmo prédio e suas esposas, Rose (primeira esposa de Pelé) e Lélia, também possuíam uma grande amizade. Pepe foi o padrinho do primeiro casamento do Rei. Posteriormente, quando se mudou para outro apartamento no Canal Três, em Santos, Pelé foi atrás, continuando vizinhos e grandes amigos. Dentro de campo, a dupla esteve junta por 12 anos.

Pepe despediu-se dos gramados em 1969, em uma partida contra o Palmeiras, mais precisamente no dia 3 de maio, em jogo válido pelo Campeonato Paulista, no estádio da Vila Belmiro, na estreia do goleiro Leão defendendo o Palmeiras. Pepe não jogou, apenas deu a volta olímpica em torno do estádio. O Palmeiras venceu por 1x0. Ele ainda sentia que com 34 anos poderia jogar por mais tempo, mas em razão de sua calvície, era encarado como velho. Quando jogava bem, vinham os comentários dizendo que ele havia revivido os velhos tempos. Quando jogava mal, os comentários davam conta de que ele estava acabado. Cansado dessa situação, bem como despontando para sua posição os jovens Edu e Abel, decidiu abandonar o futebol, mesmo vendo a maior parte da torcida santista pedir que ele continuasse jogando no dia de sua despedida. Pepe despediu-se de sua feliz carreira na equipe da Vila Belmiro, onde envergou com muito orgulho a camisa número 11 do Santos Futebol Clube por quinze anos. Mas a vida de Pepe não acabaria na Vila Belmiro. Logo no dia seguinte à sua despedida, o ídolo alvinegro, a convite de Zito, na época supervisor de futebol do Santos, iniciou trabalho dirigindo a equipe infantil do Peixe.

O professor Pepe dirigiu inúmeras equipes do Brasil e do exterior, dentre elas, além do Santos, Paulista de Jundiaí, São José, Atlético Mineiro, Náutico, Internacional de Limeira, Fortaleza, São Paulo, Portuguesa, Guarani, Coritiba, Criciúma, Atlético Paranaense e Portuguesa Santista.

No exterior, dirigiu o Al Sadd do Catar, Boa Vista de Portugal e Seleção do Peru, que enfrentou o Brasil no dia 10 de maio de 1989, no estádio Castelão, em Fortaleza, em partida válida pela Copa América, cujo placar apontou a vitória do escrete canarinho por 4x1. Conquistou duas vezes o título paulista, em 1973 dirigindo o Santos e, em 1986, a Internacional de Limeira, conquistando o título em cima do Palmeiras em pleno Morumbi. Conquistou o Campeonato Mineiro pelo Atlético em 1981, o Campeonato Cearense pelo Fortaleza em 1985 e o Campeonato Brasileiro em 1986 com o São Paulo, vencendo nos pênaltis o forte Guarani em Campinas, após um eletrizante empate em 3x3.

Pepe atuou também como supervisor de futebol da Ponte Preta no início de 2000. Atualmente, é coordenador técnico da Itapirense na série A3. Antônio, filho de Pepe, conhecido como "Pepinho", segue os passos do pai na carreira de treinador.

O ídolo santista lançou o livro "Bombas de Alegria: Meio Século de Histórias do Canhão da Vila" pela editora Realejo. Neste livro, Pepe, um autêntico contador de histórias do futebol, narra os seus inúmeros e característicos "causos" da bola, sendo que alguns serão relatados agora:

"Leal era companheiro de Pepe na equipe juvenil do Santos. Posteriormente como profissional, Leal atuou em vários outros clubes, entre eles o Fluminense e o Guarani. Era um grande jogador, um meia armador de grande habilidade, porém, era mestre na arte de catimbar e irritar o adversário. Dentro de campo, Leal, que de leal não tinha nada, beliscava, cuspia e xingava a mãe dos seus marcadores adversários e sempre saía ganhando na guerra de nervos. Em 1959, o Santos tinha um difícil e decisivo compromisso contra o Guarani, em Campinas. Se ganhasse, praticamente garantiria o título paulista daquele ano. Lula, o técnico do Peixe, sabendo da grande amizade existente entre Pepe e Leal, pediu ao "Canhão da Vila" que tivesse um falso bate-papo com Leal para que ele pudesse entrar em campo mais tranquilo, fazendo com que Zito, que seria seu principal marcador, jogasse sossegado. Pepe então chamou Juju (apelido de Leal) para uma "conversa". Disse ao amigo que toda a diretoria do Santos viria a Campinas só para vê-lo jogar, já que Jair da Rosa Pinto estava parando e a diretoria queria contratá-lo em seu lugar, mas ainda havia alguns diretores contrários à sua contratação, pois achavam que ele era indisciplinado demais. Pepe então pediu para que Leal jogasse mais tranquilamente e apenas na bola, para que os diretores do Santos pudessem enfim aprovar sua chegada ao clube. Leal, totalmente ressabiado, respondeu a Pepe: "– Espanhol, vai se danar! Não vem com conversa mole pra cima de mim! Não vai ter moleza não! Vai sobrar porrada pra todo mundo!". Na hora do jogo, Leal catimbou como nunca. O Santos acabou derrotado por 3x2 e Leal, além de receber um moto-rádio como prêmio por ter sido o melhor jogador em campo, saiu do gramado ovacionado pela torcida bugrina. O título de campeão paulista de 1959 acabou nas mãos do Palmeiras."

"O técnico Lula foi sempre muito respeitado por sua condição técnica, porém, pecava algumas vezes na comunicação, dizendo alguns absurdos que se transformavam em grandes gozações. Em determinada ocasião, o técnico santista gritou para seus comandados em um treino: "– Fecha o bloqueio!". O jogador Getúlio perguntou: "– Mas professor, existe bloqueio aberto?". Em outra ocasião, Lula perguntou a quatro jogadores de meio-campo do Santos se eles faziam parte de um triângulo!".

Pepe foi técnico do Boa Vista de Portugal entre os anos de 1987 e 1989, porém, como relatou o próprio Pepe, era muito difícil trabalhar no clube em razão de seu presidente, uma figura exótica e centralizadora que se chamava Valentim Loureiro. Valentim, militar reformado, era baixinho, possuía bigode e cavanhaque branco. Apesar de ser milionário, pouco sorria. O andamento das coisas no clube dependia muito do humor do presidente. Se ele estava feliz, tudo ia bem, porém, se estava bravo, tudo ia mal. E, geralmente, o presidente português vivia bravo.

Quando foi reeleito presidente do Boa Vista, recebeu os parabéns de um canal de televisão português contrário à sua permanência na direção do clube de forma tendenciosa. Após receber os parabéns, o major respondeu que havia sido eleito mesmo contra a vontade daquele canal e, que a partir daquele momento, eles teriam um grande inimigo dirigindo o Boa Vista.

O presidente do clube era tão ferrenho, que se algum cronista falasse mal de sua administração ou do time, ele não permitia a entrada no estádio. Muitos cronistas entravam em campo para trabalhar disfarçados com barba e bigodes postiços. Em um almoço no clube, o garçom deixou um copo cair no chão acidentalmente. Indignado, o major chamou o maitre dizendo para ele descontar o valor do copo do salário do azarado garçom e, para terminar a conversa por ali mesmo, o maitre lhe disse que estava tudo certo. Mais que depressa, o pequeno ditador se indignou ainda mais dizendo que como tudo poderia estar certo se o copo de propriedade do Boa Vista havia acabado de se quebrar? No dia seguinte, o maitre estava de roupeiro e o roupeiro de maitre no restaurante. Era comum encontrar pessoas da secretaria cortando grama no jardim do clube e vice-versa.

Em Portugal, os diretores dos clubes costumam sentar-se ao lado dos treinadores no banco de reservas, tanto que são eles que anotam o número dos jogadores que serão substituídos. O Boa Vista contava com um diretor chamado Mendes de Barros, que, quando o time estava bem, era um grande amigo de Pepe, mas quando o time estava mal, afastava-se do treinador, dando declarações à imprensa relatando que Pepe não possuía pulso forte junto à equipe, havendo a real necessidade de mudanças no comando técnico. Ao ser indagado com relação a esse assunto por um jornalista, Pepe respondeu: "– É que ele sente um orgasmo muito violento quando levanta do banco para mostrar a placa do jogador que vai sair. Mas nem isso ele faz direito, porque, às vezes, ele troca o 6 pelo 9". Após a declaração de Pepe, o Major Valentim o chamou em sua sala. Pepe pensou que levaria uma bronca, porém, o presidente-major, aos risos, disse que Pepe não poderia falar isso publicamente, pois o diretor era gerente de um banco. Pepe então respondeu com outra pergunta: " – E daí?"."

"O técnico Pepe assumiu a equipe da Internacional de Limeira em 1998 no lugar de Márcio Araújo, a fim de tentar tirar a equipe das últimas colocações da tabela da primeira fase do Campeonato Paulista, ainda disputado somente entre as equipes do interior. Em uma partida realizada contra a Matonense, cujo placar apontava o empate em 1x1, o time da Inter se encontrava nervoso e errando muito, quando, repentinamente, Pepe ouve das arquibancadas: "Timinho, Timinho, Timinho!". Aos 44 minutos do segundo tempo, o lateral direito Edinan, após um bate e rebate na defesa do time de Matão, marca o gol salvador da vitória. Após o apito final do jogo, em entrevista a uma rádio local, Pepe relatou revoltado: "Vencemos, mas os torcedores decepcionaram. Começaram a gritar 'timinho' em vez de incentivar o time. Logo comigo, que já fiz tantas coisas pela cidade. Sou cidadão limeirense!". Mais do que depressa, Rafael, filho mais novo de Pepe, que estava ao lado, disse ao pai que na realidade a torcida não havia gritado "timinho", mas sim "Cilinho", pedindo a entrada na partida do ponta-esquerda que estava no banco de reservas da Inter. Mas já era tarde demais, pois graças à certa dificuldade auditiva de Pepe, o "Canhão da Vila" já havia disparado contra tudo e todos em Limeira".

Pepe atuou com a camisa do Santos em 750 ocasiões, sendo o segundo jogador que mais vezes atuou com a camisa do clube, anotando 405 gols. Foi também o segundo maior artilheiro da história do Santos. Como o próprio Pepe costuma afirmar, ele é o maior jogador e recordista da história do Santos, pois só perde para Pelé, e Pelé não é humano! Pepe foi um jogador que honrou com glórias a camisa do Santos. Dentro de campo sempre defendeu a equipe da Vila Belmiro da melhor forma possível, notabilizando-se como o maior ponta-esquerda da história do clube e do futebol brasileiro de todos os tempos. A bomba desferida por seu canhão de perna esquerda, levou a equipe a inúmeras vitórias e conquistas. O ídolo santista colecionou inúmeras propostas de equipes, tanto do Brasil como do exterior. Os espanhóis Barcelona, Valência, Sevilha e La Coruña empolgaram-se pelo futebol e pela descendência espanhola de Pepe. O Milan da Itália também tentou o ingresso do Canhão. No Brasil, os rivais Corinthians e Portuguesa desejavam ter Pepe em suas equipes, mas o amor ao Santos sempre falou mais alto e Pepe nunca pensou em sair da Vila. Se o maior jogador da história do Santos foi o camisa 10, Pelé, o segundo maior de todos veio logo em seguida com a camisa de número 11, Pepe, o grande "Canhão da Vila Belmiro".

## COUTINHO

De todos os jogadores que atuaram ao lado do Rei Pelé, sem sombra de dúvidas, o melhor de todos foi o centroavante Antônio Wilson Vieira Honório, nascido no dia 11 de junho de 1943, em Piracicaba, interior de São Paulo. Para quem se pergunta quem foi Antônio, basta citar o nome pelo qual ficou conhecido, mesmo sem saber o motivo até hoje, e eternizado na história do Peixe – Coutinho.

Algumas coisas são inseparáveis na vida. Como café com leite, goiabada com queijo, arroz com feijão e pinga com limão. No futebol, existiram também algumas duplas fantásticas, entretanto, a mais extraordinária de todas vestiu o manto sagrado do alvinegro praiano. Pelé e Coutinho viveram anos de intensa glória no time do Santos, cujo entrosamento perfeito entre ambos, que parecia ser guiado por telepatia, de tão mágico que era, fez com que a equipe da Vila Belmiro conquistasse muitas vitórias sensacionais e títulos inesquecíveis.

Coutinho começou a jogar futebol em Piracicaba, despertando o interesse do Santos em um simples amistoso de garotos, onde, por pouco, não esteve em campo. O time da Vila Belmiro, em certa ocasião, foi à Piracicaba a fim de enfrentar a equipe do XV, cuja preliminar seria entre as equipes do Palmeirinha de Piracicaba contra os juvenis do XV de Piracicaba. Coutinho era muito novo. Para ser mais exato, era uma criança com quase 13 anos de idade, portanto, nem tinha idade suficiente para jogar. Mas como também não tinha dinheiro para assistir ao jogo, o menino se engalfinhou em meio aos demais jogadores que iriam participar da peleja preliminar para, ao menos, ver de perto a partida. Por sorte de Coutinho, faltou um jogador na equipe do Palmeirinha. Sem opções, foi chamado a completar o time, contudo, muito longe da real posição que o consagraria no futebol mundial como grande centroavante, só sobrando para Coutinho a quarta zaga. Mas como todo menino que se preza quer jogar futebol de manhã, de tarde e de noite, atuar como zagueiro era o menor dos problemas para o garoto.

A equipe amadora do XV de Piracicaba, há muito tempo, não era derrotada em uma preliminar. Mas exatamente nesse dia, acabou sendo derrotada por 1x0, com um gol de cabeça do pequenino Coutinho, após cobrança de escanteio. Naquela época, os jogadores amadores trocavam de roupa junto com os profissionais no mesmo vestiário. A equipe do Palmeirinha se trocava em meio aos jogadores santistas que estavam muito felizes e eufóricos com a vitória da equipe, mas principalmente empolgados com o gol do pequenino e jovem garoto chamado Coutinho. O gol do menino lhe rendeu um convite do técnico Lula para treinar na Vila Belmiro.

Coutinho chegou ao clube sem conhecer craques como Jair da Rosa Pinto e Pagão, por exemplo. Aliás, Coutinho chegou a Santos sem nunca ter visto de perto o mar. O garoto gostava muito era de jogar bola, mas não se atentava em acompanhar futebol, muito menos em saber da história do esporte e de seus ídolos, tanto que nem tinha um time de coração.

O menino chegou ao clube por volta de quatro e meia da tarde. Em seguida, jantou e foi assistir ao treinamento do Santos (naquela época, o Santos treinava muitas vezes no período noturno). Coutinho encostou-se ao alambrado e, sem querer, ouviu uma conversa entre o treinador da equipe profissional do Santos, Lula, com o técnico da equipe amadora, Osvaldo Vieira. Lula dizia a Osvaldo que estava faltando um jogador para compor o treinamento, já que Alfredinho havia se machucado.

No alambrado, Coutinho olhou de um lado para o outro e começou a sonhar em ser o escolhido para completar o treinamento. Mas logo em seguida, caiu em si e se lembrou que havia chegado ao clube para treinar no time amador e não no profissional. Mas Osvaldo Vieira respondeu a Lula dizendo que como opção só havia o "neguinho" que chegara de Piracicaba. O técnico santista então pediu a Osvaldo Vieira que trouxesse o tal "neguinho", dizendo que assim teria condições de saber se ele prestava ou não. Se servisse ficaria, se não servisse o descartaria, sem se lembrar que se tratava do menino que ele próprio havia convidado para treinar nas equipes de base do Santos.

Coutinho entrou no treinamento na ponta-direita, no lugar do contundido Alfredinho. Surpreendeu a todos e, mesmo debaixo de muita pancada do zagueiro Hélvio, marcou 2 gols no treinamento. O próprio zagueiro pediu a Lula que segurasse Coutinho, pois ele teria futuro. Essa foi a melhor confirmação que o "neguinho" deu ao treinador Lula em relação à sua condição de permanecer no elenco. O garoto chegava para ficar no Santos, para fazer carreira e história.

Na Vila, com o passar do tempo, Coutinho mostrava toda a sua categoria, já despontando como uma grande promessa para a equipe profissional. Tanto que o jogador realizou sua estreia no time principal do Santos com apenas 14 anos e onze meses de idade, sendo o jogador mais novo a se profissionalizar no clube. O craque Coutinho entrou em campo pela primeira vez em um amistoso contra uma equipe chamada Sírio Libanês em Goiânia, cujo placar da partida apontou a vitória santista por 7x1. Porém, existe uma controvérsia em relação à estreia de Coutinho no time profissional do Santos, que teria sido em uma partida de inauguração dos refletores do estádio da Portuguesa Santista. Mas a primeira partida oficial de Coutinho no time do Santos foi na final do Torneio Rio-São Paulo de 1958, contra o Vasco da Gama, no Pacaembu, e o menino Coutinho, que havia substituído Pagão, outra lenda santista, contundido, anotou 2 gols. Na temporada seguinte, em razão das muitas contusões de Pagão, Coutinho teve várias outras oportunidades no time principal do Santos, iniciando enfim sua trajetória definitiva como titular do Peixe.

A dupla Pelé/Coutinho foi tão maravilhosa que era impossível dizer que Coutinho era apenas um coadjuvante do Rei, como eram todos os outros jogadores. Para alcançar um sinônimo à altura da qualidade de Coutinho, sem depreciar o Rei, podemos dizer que Coutinho foi o protagonista dos coadjuvantes. O próprio Pelé assume que subiu muito de produção com a entrada de Coutinho no time titular do Santos, pois o Rei ficava na frente, enquanto Pagão vinha de trás. Com Coutinho, era ele quem ficava na frente para o Rei vir de trás com a bola dominada, criando mais espaço para exibir e desfilar sua maestria. Coutinho, por sua vez, que era mais pesado, rendia melhor ficando um pouco mais parado na frente. A verdade é que as lindas jogadas entre ambos eram coisa de cinema. Os jogadores criaram a popularmente conhecida "tabelinha" dos dias de hoje. Mas não eram simples tabelinhas como estamos acostumados a ver. Eram tabelas maravilhosas que sempre resultavam em gols e, às vezes, até eram de cabeça, como a que aconteceu em uma partida realizada contra o Grêmio, no estádio Olímpico, com os jogadores tabelando de cabeça, desde o meio-campo até dentro da área, mas, inacreditavelmente, não foi Pelé nem Coutinho quem marcou o gol. Quando Coutinho estava na frente da meta, observou Lima no meio da área, então ajeitou de cabeça para o companheiro marcar. A sintonia entre Pelé e Coutinho era tão grande que, para realizarem uma jogada, bastava um olhar.

Mas apesar do entrosamento e da ligação perfeita dentro de campo, a vida social da dupla Pelé e Coutinho era distinta.

Coutinho era um centroavante muito habilidoso, frio e decisivo, capaz de resolver jogadas em espaços extremamente pequenos, com dribles secos e humilhantes. Quando a jogada já parecia perdida, com enorme categoria, Coutinho balançava as redes adversárias. Dentro da área, até mesmo Pelé dizia que ele havia sido melhor que ele, tanto que recebeu a alcunha de "Gênio da Pequena Área". Coutinho gostava não apenas de marcar gols, mas também de deixar seus companheiros na cara do gol. Ele e Pelé anotaram juntos 1.461 gols pelo Santos. Quando concluía uma jogada, nunca dava um chutão, tanto que alguns gols do gênio nem chegaram a balançar as redes. Além do mais, o jogador não gostava de comemorar e os seus companheiros até brigavam com ele. Em algumas ocasiões, após marcar um gol, sua frieza era tão grande, que o juiz nem percebia que a bola tinha entrado. Na partida contra o Botafogo, no estádio do Pacaembu, o jogador marcou um gol cuja bola nem tocou a rede. Para piorar, o atacante virou de costas como se nada tivesse acontecido e o juiz da peleja, longe da jogada, não marcou o gol. O esperto goleiro do Botafogo recolocou a bola em jogo e ficou por isso mesmo. Os jogadores do Santos, como Zito e Pelé, por exemplo, xingaram muito a falta de vibração de Coutinho no gol marcado, que acabou sendo invalidado.

Há inúmeras histórias com relação a Coutinho, como por exemplo, uma em que o jogador, cansado de marcar gols e ser confundido com Pelé pela arbitragem, anotando na súmula o gol para o Rei, resolveu colocar um esparadrapo no pulso para se diferenciar de Pelé. O centroavante explicou que aquele esparadrapo em seu punho se dava em razão de uma torção no pulso. Muitos chegaram a dizer que Coutinho também se sentia revoltado em ser confundido com Pelé, principalmente quando as coisas não davam certo, já que quando acontecia uma jogada errada, era Coutinho quem havia errado e quando acontecia uma jogada certa, o gênio era somente o Pelé. Verdade ou mentira, o fato é que Coutinho, confundido ou não com Pelé, fez a alegria da torcida santista em inúmeras ocasiões.

Com a camisa do Peixe, Coutinho conquistou vários títulos. Foi campeão paulista em 1960, 1961, 1962, 1964, 1965 e 1967. Campeão da Taça Brasil em 1961, 1962, 1963, 1964 e 1965. Além do bicampeonato da Taça Libertadores da América e do Mundial Interclubes em 1962 e 1963.

A Taça Libertadores da América de 1963 foi disputada entre oito equipes, não havendo a participação de equipes da Bolívia e Venezuela. O Santos, que era o atual campeão, entrou na competição já em sua fase semifinal, enfrentando o Botafogo, no clássico entre as maiores equipes do futebol brasileiro até então. O time de Garrincha, Nilton Santos, Amarildo, Jairzinho e Cia, classificou-se para a disputa por ser o vice-campeão da Taça Brasil em 1962, perdendo o título exatamente para o Santos de Pelé e Coutinho. O regulamento do campeonato só previa a participação de uma equipe por país, mas como o Santos já tinha a vaga assegurada pelo título conquistado em 1962, a vaga brasileira ficou com a equipe da estrela solitária.

A primeira partida semifinal entre Santos e Botafogo aconteceu no dia 22 de agosto de 1963, no Pacaembu, em São Paulo, terminando empatada em 1x1. Na segunda partida realizada no dia 28 de agosto de 1963, no Maracanã, o Peixe garantiu a vaga após golear impiedosamente o Botafogo por 4x0. O Santos conseguiu alcançar o elástico placar com uma exibição de gala e ainda por cima foi beneficiada com a má partida realizada pelo time carioca. O Santos abriu o marcador com Pelé, encobrindo o goleiro Manga de fora da grande área botafoguense, aos 11 minutos do primeiro tempo. Pelé aumentou o marcador com um gol de cabeça em meio a dois zagueiros do Botafogo e o goleiro Manga. Pelé marcaria novamente, mas dessa vez de pênalti. O quarto tento santista aconteceu no final do segundo tempo com Lima. Em pleno estádio do Maracanã, o time de Coutinho passava pelo Botafogo para enfrentar o forte Boca Juniors na grande decisão do bicampeonato.

A primeira partida da grande decisão aconteceu no dia 4 de setembro de 1963, no estádio do Maracanã, palco em que o Santos, no período áureo, costumava mandar suas partidas internacionais mais importantes. O time da Vila Belmiro, logo de cara, abriu 3x0 no placar, com Coutinho aos 2 e 21 minutos e Lima aos 28 minutos do primeiro tempo. Mas o bravo Boca descontou aos 43 minutos do primeiro tempo e aos 44 minutos do segundo tempo com o centroavante Sanfilippo duas vezes. O segundo e decisivo jogo aconteceu no dia 11 de setembro de 1963, no lendário estádio de La Bombonera, em Buenos Aires. O placar da primeira etapa, sendo que um 0x0 após os 90 minutos garantia o título ao Santos, passou em branco durante todos os seus 45 minutos; tudo o que o Santos queria.

Contudo, a equipe da Vila Belmiro começou a ver a história se complicar com o gol de Sanfelippo, logo a um minuto de jogo, após um cruzamento da direita que resultou em um choque na área santista entre o goleiro Gilmar e o zagueiro Mauro, cuja bola sobrou limpa nos pés do atacante argentino, na entrada da pequena área, para só empurrar para o fundo das redes peixeiras. O gol do Boca Juniors inflamou a fanática torcida no La Bombonera, mas infelizmente para eles, do outro lado, estava o forte Santos de Pelé e Coutinho, time que precisava muito mais do que apenas gritos inflamados de torcedores adversários para se desestabilizar.

Assim, o Peixe foi para cima e empatou o jogo com Coutinho, 4 minutos depois. Pelé dominou a bola e tocou para Coutinho na direita, o centroavante entrou batendo prensado com o zagueiro Magdalena, o chute saiu forte no canto esquerdo do goleiro argentino Errea. A consagração final santista aconteceu aos 37 minutos do segundo tempo, dessa vez com Coutinho colocando Pelé na cara do gol. O centroavante desceu pela esquerda e tocou para o Rei na entrada da grande área. Pelé dominou e, logo de cara, driblou o zagueiro Orlando antes que o outro defensor argentino, Magdalena, chegasse para dividir o chute. Pelé bateu seco no gol de Errea. O Santos virava o marcador e conquistava a América pela segunda vez consecutiva. O Peixe era bicampeão da Taça Libertadores da América. O lotado La Bombonera, calado, poucas vezes curvou-se tanto à genialidade de uma equipe como se curvou ao Santos, o grande campeão.

Com a conquista do bicampeonato da Libertadores, mais uma vez o time do estádio Urbano Caldeira se qualificava para a disputa do Mundial Interclubes, tendo pela frente, dessa vez, o italiano Milan, campeão europeu de 1963. Ele foi o primeiro clube italiano a levantar o caneco da Copa dos Campeões da Europa, por isso veio com tudo para cima do Santos a fim de conquistar o título mundial, tanto que na primeira partida realizada no dia 16 de outubro de 1963, no estádio San Ciro, em Milão, a equipe da casa ousou aplicar uma sonora goleada em cima dos brasileiros por 4x2, com gols de Trapatoni aos 3 minutos do primeiro tempo, com o do brasileiro Amarildo aos 15 minutos do primeiro tempo e 22 minutos do segundo tempo, finalizando com Mora aos 37 minutos da segunda etapa.

O Santos até tentou reagir com o Rei aos 10 e aos 39 minutos do segundo tempo, mas não conseguiu, e a equipe milanesa levava para o Maracanã uma bela vitória sobre o Santos por 4x2. No Rio de Janeiro, na segunda partida realizada no dia 14 de novembro de 1963, para um público de 150 mil pessoas, o time da Vila Belmiro, criando "vergonha na cara", em um jogo muito tumultuado, devolveu o placar de 4x2 para o Milan, mesmo sem contar com Pelé contundido, que foi substituído pelo polêmico Almir Pernambuquinho, que mesmo não conseguindo substituir o Rei à altura (afinal de contas, Pelé é insubstituível!), jogou muito bem. O Milan abriu o placar com Alfatini e Mora aos 12 e 17 minutos do primeiro tempo respectivamente, dando a entender que o título estaria longe das pretensões do Peixe. Porém, com o "time dos céus" não se brinca, e com gols de Pepe aos 5, Almir aos 9, Lima aos 20 e Pepe novamente aos 23 minutos da segunda etapa, o Santos igualou o número de vitórias e também o saldo de gols, provocando uma terceira partida de desempate. O jogo aconteceu novamente no Maracanã, no dia 16 de novembro de 1963, após uma verdadeira batalha, em que o Santos, que novamente não contava com Pelé contundido, venceu por 1x0, com gol de pênalti cobrado pelo versátil lateral Dalmo aos 31 minutos do primeiro tempo. O Santos mais uma vez conquistava o mundo e, novamente, o planeta conhecia a força do time de Pelé e Coutinho.

Coutinho estreou muito precocemente na seleção brasileira, quando contava com apenas 17 anos, no dia 9 de julho de 1960, no estádio Centenário em Montevidéu, contra a seleção do Uruguai, em partida válida pela Taça do Atlântico. O Brasil foi derrotado por 1x0. O primeiro gol de Coutinho com a camisa do Brasil aconteceu no dia 30 de abril de 1961, contra a seleção do Paraguai, no estádio Defensores Del Chaco, em Assunção no Paraguai. O Brasil venceu por 2x0.

Em 1962, o ídolo santista recebeu do técnico Aymoré Moreira a honra de ser convocado para uma Copa do Mundo. O jogador era o titular do comando de ataque tupiniquim. Aymoré esperava ver no escrete canarinho as mesmas tabelas e gols feitos no time do Santos pela dupla Pelé e Coutinho. Mas infelizmente a sorte não esteve ao do lado de Coutinho nem de Pelé no Chile. O centroavante santista acabou contundindo o joelho direito às vésperas de embarcar com a delegação brasileira para o mundial. O fato ocorreu em um amistoso contra o País de Gales, no estádio do Morumbi em São Paulo, no dia 16 de maio de 1962. O Brasil acabou vencendo por 3x1.

Coutinho afirmou que chegou a pedir ao técnico Aymoré Moreira para não entrar em campo, mas o treinador o escalou, alegando que precisava perder alguns quilos. Mesmo machucado, Coutinho viajou com a delegação canarinho, passando de titular absoluto para uma incógnita, assumindo Vavá, o "Peito de Aço", a condição de titular. Quando Pelé se contundiu na segunda partida do Brasil no mundial, contra a Tchecoslováquia, Coutinho foi encarado como a grande solução para substituir o Rei, mas o jogador não tinha condições de ficar nem na reserva. Conquistou o título mundial sem atuar nenhuma partida.

Chegando ao Brasil, Coutinho precisou realizar uma operação de meniscos, e, segundo o ídolo santista, o joelho afetado o incomoda até hoje. Coutinho despediu-se da seleção brasileira também muito jovem, com apenas 22 anos de idade, no dia 21 de novembro de 1965, no amistoso realizado contra a seleção da Hungria, no estádio do Pacaembu em São Paulo. A seleção brasileira foi representada por um combinado paulista e o placar apontou a vitória brasileira por 5x3. Coutinho atuou com a camisa da seleção brasileira em 15 ocasiões, anotando 6 gols.

A despedida de Coutinho do futebol foi tão precoce quanto sua chegada. O jogador começou a sofrer inúmeras contusões, deixando o seu rendimento longe dos velhos tempos. Somado a isso, o centroavante sempre teve problemas com o peso, confessando não tomar cuidado com a alimentação e pouco se importando com a forma física. Constantemente Coutinho estava acima do peso ideal. Assim, o jogador acabou sendo cedido ao Vitória da Bahia em 1968, quando, com atuação apagada, anotou apenas 6 tentos. No ano seguinte, transferiu-se para a Portuguesa de Desportos, anotando apenas um gol no Campeonato Estadual. Em 1970, retornou à Vila Belmiro, porém, continuou muito aquém do que todos estavam acostumados a ver em Coutinho com a camisa do Santos. Assim, o jogador despediu-se da Vila definitivamente rumando para o Atlas do México. Em terras mexicanas, reviveu a época de artilheiro, anotando 10 tentos em menos de um ano. Mas não adaptado ao país, decidiu retornar ao Brasil para defender o Bangu, permanecendo no Moça Bonita por dois anos, mas novamente esteve longe de ser o velho artilheiro, anotando apenas 2 tentos em sua passagem pelo clube. Em 1973, o craque fez sua parada final no modesto Saad de São Caetano do Sul, encerrando sua carreira com apenas 30 anos de idade. Coutinho passou por diversos clubes, mas jamais voltou a brilhar como nos tempos em que era o parceiro ideal de Pelé no time do Santos.

Em 1979, Coutinho voltou a trabalhar no Santos, mas como treinador das equipes de base, conquistando o título de campeão paulista com o time juvenil A em 1979 e campeão paulista com o time juvenil B em 1980. Em 1982, chegou à decisão da Taça São Paulo de Juniores, ficando com o vice-campeonato, perdendo a decisão para a Ponte Preta por 2x1. Coutinho dirigiu também, interinamente, a equipe principal do Santos em raras oportunidades nas décadas de 80 e 90.

Como treinador da base santista, entre outros talentos, descobriu para o futebol, os laterais Baiano e Gustavo Nery. Como técnico principal, o craque passou por Valério Doce de Itabira, em Minas Gerais, realizando sua melhor campanha como treinador, ao tirar a equipe da zona de rebaixamento para as semifinais do Campeonato Mineiro, disputando contra Atlético, Cruzeiro e Democrata de Governador Valadares.

Passou também por Comercial e Aquidauana, em Mato Grosso do Sul. Em São Paulo, dirigiu o Santo André e São Caetano e, no Rio de Janeiro, esteve à frente do Bonsucesso. O treinador Coutinho, nos anos 90, participou de um projeto da Associação Desportiva da empresa Mercedes Bens em São Bernardo do Campo, que buscava a revelação de novos talentos para o time da associação. Trabalhou também com garotos carentes, fazendo parte dos treinadores contratados pela secretaria de esportes de São Paulo.

Com a camisa do Santos, Coutinho esteve em campo em 457 partidas, anotando 370 gols. Nenhum outro centro-avante da história do clube conseguiu ter a mesma categoria do "Gênio da Pequena Área". Coutinho foi um dos mestres do futebol brasileiro e mundial. Seus gols, somados à sua técnica, tornaram-se grandes pesadelos para zagueiros e goleiros adversários. O seu entrosamento com Pelé era tão grande e tão espetacular que fica difícil dizer quem era o protagonista e quem era o coadjuvante, com todo o respeito ao Rei, é claro. Um rei não consegue governar sozinho, por isso, Pelé escolheu Coutinho como seu súdito fiel, que entre outras, também entrou eternamente para a nobreza histórica da Vila Belmiro. Portanto, se Pelé é o Rei, Coutinho seria o príncipe da Vila? Talvez.

A dupla Pelé e Coutinho ficará eternamente guardada na memória dos santistas, tanto para aqueles que tiveram a felicidade de ver em campo esses craques do futebol mundial, como para aqueles que apenas sonham em ver suas magníficas tabelas. Sabe-se lá Deus quando (se for possível, é claro) poderão de fato um dia espiá-las de perto, com os olhos bem abertos. Coutinho foi um dos melhores jogadores do Santos de todos os tempos, tendo um lugar de destaque no clube, na torcida e principalmente junto ao Rei, o seu maior companheiro.

## CLODOALDO

Atualmente, uma equipe cheia de volantes é muito questionada, pois a figura do jogador da posição, em via de regra, automaticamente lembra destruição e pouca criação. A presença de volantes que sabem sair jogando, com uma técnica mais refinada, estando em campo não apenas para destruir, é algo não muito comum, mas muito solicitada no futebol brasileiro. Mas um volante em especial conseguiu ter a categoria de um passe perfeito e ao mesmo tempo um grande senso de marcação, transformando-se em um dos melhores do mundo na posição. O sergipano Clodoaldo Tavares de Santana, nascido em Aracaju, no dia 25 de setembro de 1949, foi um dos maiores ídolos da história do Santos, clube que defendeu por 14 anos, fazendo história.

O menino Clodoaldo precisou deixar Aracaju com 6 anos de idade em razão do falecimento de seus pais. Órfão e solitário, o garoto mudou-se para Santos, terra em que residiam seus irmãos. A primeira estada de Clodoaldo em Santos foi na casa de seu irmão Antônio, que trabalhava em colônias de férias, cortando mata virgem em terrenos para a construção de novos imóveis. Posteriormente, Clodoaldo foi morar com a irmã, no morro do São Bento, em Santos, época em que era coroinha na igreja do Valongo, santuário católico pertencente à Ordem dos Franciscanos, localizado no centro velho da cidade, tombado pelo patrimônio histórico de São Paulo. Clodoaldo foi coroinha por sete anos.

O menino teve uma infância modesta, e desde muito cedo precisou trabalhar para sobreviver. Assim, Clodoaldo era visto realizando bicos como ajudante de feira e carregador de paralelepípedos para a prefeitura da cidade, que estava calçando as ruas do bairro. Com os trocados que conquistava, corria até o bar da Rua São Leopoldo, muito conhecido e frequentado por servir uma boa carne assada, para matar sua fome. Mas como o dinheiro era muito curto, Clodoaldo comprava apenas o pão, que acabava apenas sendo passado no molho, ficando muito longe da saborosa e vistosa carne assada do estabelecimento. Se sobrasse alguma migalha de carne em uma travessa qualquer, o menino lucrava. Caso contrário, era no máximo pão com molho.

O garoto, que gostava muito de futebol, começou a jogar no Sociedade Esportiva Terra dos Andradas (SETA). Logo depois, atuou no Grêmio do Apito e Negreiros. Mas a vida era muito dura para Clodoaldo, pois apesar de gostar muito de futebol, precisava deixar de fazer bicos a fim de conseguir um emprego fixo com um salário melhor para se sustentar. Assim, aos 11 anos de idade, conseguiu um emprego na Companhia Produtora de Armazéns Gerais em Santos com carteira assinada, motivo de orgulho para Clodoaldo. Com um salário modesto, mas que lhe permitia, além do sustento, alugar um quarto junto com cinco amigos, Clodoaldo seguia sua vida. Tudo era muito difícil para o garoto, mas em nenhum momento deixou se levar pelo lado obscuro e ilícito da sociedade e nunca cometeu nenhum crime, o que, infelizmente, era muito comum na vida de jovens pobres e sem muita esperança de futuro.

Foi exatamente nessa época que o futebol começou a ser mais constante na vida do garoto. Convidado pelo senhor Ernesto Marques, ex-jogador e auxiliar de Lula, na época, descobridor de talentos para o Santos, que Clodoaldo começou a treinar nas categorias de base do clube da Vila Belmiro. Nesse mesmo período, o também garoto Nuno Leal Maia, treinava junto com Clodoaldo no Santos, mas ao contrário do hoje mundialmente conhecido volante, Nuno Leal Maia preferiu a carreira de ator a de jogador de futebol.

Clodoaldo ficava dividido entre o emprego e o futebol, pois não queria perder nem um nem outro. Mas o amor pelo esporte bretão, em várias oportunidades, falava mais alto e o garoto preferia faltar no emprego para treinar no Santos. Como consequência, Clodoaldo foi demitido do trabalho. Sem emprego e sem dinheiro, não conseguiria mais pagar o quarto em que morava. Então, Ernesto Marques, que já havia percebido toda a categoria e o futuro de Clodoaldo no futebol, resolveu chamar o menino sergipano para morar no alojamento da Vila Belmiro. Com moradia e comida garantida, aceitou na hora o convite. Recebeu o dinheiro de sua indenização na empresa e rumou à Vila, mas antes, porém, caiu na lábia de um trambiqueiro mau caráter que lhe prometeu dobrar o dinheiro em uma aplicação. Inexperiente e ingênuo, Clodoaldo entregou todo o seu dinheiro ao tal espertalhão, que nunca mais apareceu com os tais rendimentos e muito menos com a grana supostamente aplicada, fruto de sua indenização.

Clodoaldo começou a treinar na Vila Belmiro, passando a viver somente do futebol. O jogador permaneceu morando no alojamento do clube por dois anos. No início, sofreu com o forte calor que fazia no verão, pois o alojamento do clube ficava embaixo das arquibancadas. Cansou de levar o seu colchão, juntamente com outros meninos da base santista, para as arquibancadas do estádio Urbano Caldeira, pois, assim, conseguia fugir do calor infernal que incomodava a todos no alojamento.

O futebol de Clodoaldo começou a despontar no Santos e por pouco o atleta não foi parar no Fluminense. Naquela época, ainda não possuía contrato profissional assinado. Possuía apenas o chamado "contrato de gaveta". Assim, o Fluminense tentou contratá-lo, enviando um representante ao Santos no intuito de levá-lo para o futebol carioca. Clodoaldo foi às Laranjeiras e, chegando lá, foi forçado a treinar. Mostrando personalidade, o menino disse que não poderia treinar, pois possuía um acordo com o Santos. Decidiu então pegar um ônibus de volta para São Paulo. De volta à Vila, o cartola santista Katutoshi Ono, tratou, enfim, de acertar o primeiro contrato profissional da vida de Clodoaldo.

A estreia de Clodoaldo no time principal do Santos, então com 17 anos, aconteceu em uma partida contra a Portuguesa de Desportos, no estádio da Vila Belmiro, em 1966, cujo placar terminou com a vitória santista por 2x1. O técnico Antoninho Fernandes escalou Clodoaldo com a camisa número 8 nas costas, pois a número 5 pertencia ao lendário Zito. Porém, o próprio Zito, antes da partida, chamou o jovem Clodoaldo e lhe disse para se acostumar com a camisa número 5, pois ele estava parando de jogar e o herdeiro da posição e da camisa seria ele. O meio de campo do Santos passou a ser formado por Clodoaldo e Zito, às vezes, Lima. Posteriormente, de fato o volante Clodoaldo substituiu Zito, que encerrou sua carreira no final de 1967. Não poderia ter havido um substituto melhor para um jogador lendário e eterno como Zito. Logo depois, Clodoaldo tornou-se também outro imortal da história santista.

Logo um ano após sua estreia, o volante já havia conquistado o primeiro de muitos títulos com a camisa do Santos – o Campeonato Paulista de 1967. Ao todo, o craque conquistou cinco vezes o título estadual de São Paulo, em 1967, 1968, 1969, 1973 e 1978, além da Taça Roberto Gomes Pedrosa, a Recopa Sul-Americana e a Recopa Mundial Interclubes em 1968.

Em 1969, com apenas 20 anos de idade, Clodoaldo fez sua estreia com a camisa da seleção brasileira. Convocado pelo técnico João Saldanha, o volante santista fez dupla de meio-campo com Gérson, "O Canhotinha de Ouro", no dia 12 de junho, no estádio do Maracanã, no amistoso disputado contra a seleção da Inglaterra. O Brasil venceu por 2x1. Mas nem mesmo o próprio Clodoaldo poderia imaginar que, no ano seguinte, seria mais uma das "Feras do Saldanha", posteriormente, convocado por Zagallo para a disputa da Copa do Mundo no México. Titular absoluto da camisa 5 do Brasil, nas seis partidas disputadas pelo escrete nacional no México, Clodoaldo com ainda 20 anos de idade, era o mascote do grupo brasileiro, o mais novo do elenco, que contava com feras mundialmente consagradas como Pelé, Tostão, Gérson, Rivelino, Carlos Alberto Torres, entre outros.

Clodoaldo fez sua estreia em uma Copa do Mundo no dia 2 de junho de 1970, no estádio Jalisco, em Guadalaraja, contra a seleção de Tchecoslováquia, e o Brasil venceu por 4x1. Além do título mundial, alguns lances marcaram a presença de Clodoaldo na Copa do México. Na partida semifinal realizada contra Uruguai, no dia 17 de junho de 1970, no estádio Jalisco, o uruguaio Cubilla abriu o marcador após um vacilo de Clodoaldo e uma falha do goleiro Félix. O volante santista, que a exemplo de toda a defesa canarinho, parecia estar nervoso, recebeu a bola de Carlos Alberto Torres na intermediária brasileira, tentou devolvê-la para o capitão, porém, acabou tocando nos pés do ponta-esquerda uruguaio Morales, que em velocidade tocou para o ponta-direita Cubilla, que entrou em velocidade na área brasileira pela direita. O atacante uruguaio errou o chute, mas a bola acabou entrando na meta de Félix, que estava mal colocado.

O peso daquele gol ficou na cabeça de Clodoaldo, mas felizmente o jogador conseguiu a sua autorredenção na partida, empatando o jogo, graças a uma conversa dentro de campo com Gérson. O "Canhotinha de Ouro" não estava em uma boa jornada. Muito marcado, não conseguia realizar as jogadas de armação no meio-campo, então pediu a Clodoaldo para fazer a dele, que ele faria a de Clodoaldo. Assim, o volante santista foi mais à frente e conseguiu marcar o gol de empate. Everaldo desceu pela esquerda e tocou para Clodoaldo. O volante domina e passa para Tostão, que desce pela esquerda. O centroavante brasileiro devolve o passe para Clodoaldo já no interior da grande área e o ídolo santista chega na bola primeiro que Ancheta para bater forte no canto esquerdo do goleiro Mazurkiewicz. O gol de Clodoaldo soou como um alívio para o jogador, que confessou ter sido esse tento contra o Uruguai o mais importante de sua vida.

Na final do mundial, realizada no dia 21 de junho de 1970, no estádio Azteca, na Cidade do México, contra a seleção da Itália, a maravilhosa jogada do quarto gol brasileiro na partida – anotado pelo capitão Carlos Alberto Torres –, tornou-se ainda mais bela quando passou pelos pés de Clodoaldo no meio-campo com espetacular lance de pura habilidade do volante, que dribla quatro pobres italianos humilhantemente, tocando na sequência para Rivelino na esquerda dar continuidade à jogada, que todos sabem como terminou, após a bomba mortal do capitão do tricampeonato Carlos Alberto Torres, no fundo das redes do goleiro italiano Albertosi.

Clodoaldo era um volante moderno, muito eficiente na marcação e no apoio. Não era um grande fazedor de gols, mas possuía uma técnica refinada como poucos no futebol mundial. Após a conquista do tri, várias equipes da Europa se interessaram pelo futebol do "Corró" (alcunha pela qual ficou conhecido desde criança), especialmente do futebol italiano. A Sampdoria mostrou-se ainda mais interessada pelo passe do craque santista, mas o forte amor pelo Santos e o apego à torcida, fizeram com que Corró continuasse na Vila.

A participação de Clodoaldo na Copa do México em 1970, além do grande tricampeonato mundial, trouxe também uma grande amizade com o craque corintiano Rivelino. Clodoaldo e Rivelino cultivam uma enorme amizade até os dias de hoje, e se consideram irmãos. Tanto as torcidas do Santos como a do Corinthians sonhavam em ver juntos a dupla de craques compondo o meio-campo de suas equipes, mas isso nunca aconteceu. Clodoaldo e Rivelino juntos, somente com a camisa canarinho.

Em 1974, o craque santista voltou a ser convocado para um mundial, mas dessa vez na Alemanha. Contudo, um estiramento muscular sofrido em um amistoso de preparação na Europa, antes do mundial, terminou em um polêmico corte de Clodoaldo do grupo, que disputaria a Copa do Mundo. Seu corte gerou muita polêmica após o lançamento do livro de memórias do massagista da seleção brasileira na época, Mario Américo, que, entre outras coisas, garantiu que o craque santista fora cortado de maneira precipitada. O massagista relatou que o médico da seleção na época, Doutor Lídio Toledo, havia realizado um torturante e desgastante teste físico com o jogador, que saiu chorando após o procedimento clínico. Contudo, alguns dias depois já estava andando e correndo normalmente, totalmente recuperado, podendo assim de fato participar normalmente do mundial da Alemanha.

A última partida de Clodoaldo com a camisa da seleção brasileira aconteceu no dia 6 de outubro de 1976, no amistoso realizado no estádio do Maracanã, contra o Flamengo. O placar terminou com a vitória do clube carioca por 2x0. Clodoaldo atuou com a camisa da seleção brasileira em 54 jogos, anotando 3 gols.

Em 1978, Clodoaldo conquistou seu último título com a camisa santista – o Campeonato Paulista –, em uma geração que ficou conhecida como "Os Meninos da Vila", por possuir um time repleto de rápidos, promissores e habilidosos garotos. Atuando como capitão ao lado de jogadores como Aílton Lira, Pita, Juary, Nilton Batata e João Paulo. Clodoaldo era o jogador mais experiente e consagrado do elenco. Nesse campeonato, uma partida jamais sairá da memória de Clodoaldo – o tumultuado clássico disputado contra o Corinthians, no dia 26 de novembro de 1978, no estádio do Morumbi. O Corinthians acabou vencendo o Santos por 1x0, com gol de Palhinha. Muito irritado na partida, o jogador foi expulso pelo árbitro Dulcídio Wanderley Boschilla, após uma crise de nervos, em pleno gramado do Morumbi. Mas a sorte iria sorrir para o Peixe no mesmo campeonato, pois o time da Vila Belmiro conquistaria o título, o primeiro da era pós-Pelé. O jovem elenco santista não queria de forma nenhuma ser rotulado como a mesma equipe que havia conquistado tudo nos anos 60, deixando os louros de Pelé e Cia para a memória santista, vivendo um novo presente do time, em que a juventude definitivamente imperava.

O Campeonato Paulista de 1978 foi disputado entre 20 equipes em três turnos diferentes. O primeiro turno foi chamado de Taça Cidade de São Paulo, o segundo de Taça Governador do Estado, apenas o terceiro turno não foi batizado com um nome próprio. De fato, o terceiro turno era o que realmente valia, sendo disputado entre dez equipes. Santos e São Paulo eliminaram seus rivais e chegaram à grande decisão do Paulistão de 1978.

O primeiro jogo da decisão levou cerca de 90 mil pessoas ao Morumbi, no dia 20 de junho de 1979. O Santos, com gols de Juary e Pita, aos 26 minutos do primeiro tempo e 9 do segundo tempo respectivamente, virou o placar da decisão após estar perdendo por 1x0 para o São Paulo, com gol de Serginho Chulapa marcado aos 18 minutos do primeiro tempo. Na segunda partida realizada no dia 24 de novembro de 1978, novamente no Morumbi, quando uma nova vitória garantia ao Peixe a conquista do título, o time da Vila Belmiro, por pouco, não conseguiu realizar o feito, após ter desperdiçado um pênalti cobrado por Antônio Carlos aos 20 minutos do primeiro tempo, que Waldir Peres defendeu.

O Santos abriu o placar com Célio aos 43 minutos da primeira etapa, após 2 gols do centroavante Serginho Chulapa – na época ainda defendendo o São Paulo – terem sido anulados pela arbitragem. Por volta de 20 minutos da segunda etapa, a polícia presente no estádio, já se organizava para impedir uma possível invasão da torcida santista ao gramado, que já gritava o tradicional: "É campeão!". No entanto, aos 43 minutos do segundo tempo, o ponta Zé Sérgio coloca água no chope praiano, empatando a partida.

O terceiro e decisivo jogo do Paulistão de 1978 aconteceu na quinta feira, 28 de junho, novamente no estádio Cícero

Pompeu de Toledo – o popular Morumbi –, para um público de cerca de 70.000 pagantes. Para o São Paulo, somente uma vitória dentro dos 90 minutos e outra na prorrogação interessava para conquistar o título. Para o Santos, que não contava com o experiente capitão Clodoaldo, contundido, um simples empate no tempo regulamentar ou na prorrogação já bastava (a final do Campeonato Paulista de 1978 foi disputada em uma melhor de quatro pontos; até a terceira e derradeira partida decisiva, o Santos estava com três pontos e o São Paulo apenas um).

O time do Morumbi até que tentou, fazendo 2x0 no período regulamentar com Zé Sérgio e Getúlio aos 26 minutos do primeiro tempo e 5 minutos do segundo tempo respectivamente. Após o apito final do árbitro João Leopoldo Ayeta, mais 30 minutos de sofrimento. O Santos se segurou no 0x0 que lhe garantiria o título, provando que a equipe, mesmo considerada inexperiente, teve forças de sobra para segurar o ímpeto são-paulino na prorrogação e levantar o caneco. O título paulista de 1978 foi um prêmio à jovem geração santista dirigida pelo técnico Formiga, coroando a última conquista de Clodoaldo com a camisa do Peixe.

O jogador se despediu do Santos, em 1979, precocemente, com apenas 29 anos de idade, encerrando uma linda trajetória de títulos, vitórias e glórias à frente da camisa santista que duraram 14 anos. Clodoaldo lutava contra uma contusão no joelho, que muito atrapalhava no rendimento do atleta. A partida de despedida do craque no clube aconteceu na lotada Vila Belmiro, em um amistoso realizado contra a seleção da Romênia, cujo placar apontou 1x0 para os visitantes. Após sua despedida do Santos, Clodoaldo, que se tornou dono do próprio passe, teve uma rápida passagem de três meses pelo ainda amador futebol norte-americano, defendendo a equipe do Tampa Bay em 1980. No ano seguinte, em 1981, Clodoaldo vestiu a camisa do Nacional do Amazonas em alguns jogos amistosos. Dessa forma, o ídolo santista orgulha-se em dizer que em toda a sua carreira defendeu apenas duas equipes profissionais: o Santos e a seleção brasileira.

No início dos anos 80, Clodoaldo apostou na carreira de treinador, dirigindo o próprio Santos no Campeonato Brasileiro de 1981. Até que realizou um bom trabalho, terminando com a quarta colocação do torneio, sendo desclassificado pelo Flamengo. Atuou também na diretoria santista como diretor e vice-presidente de futebol em algumas oportunidades. O velho ídolo santista não descarta a possibilidade de um dia disputar a presidência do clube, mas para que esse sonho se torne realidade, o craque quer, primeiramente, encontrar, enfim, sua tranquilidade financeira. Clodoaldo atua também como corretor de imóveis.

O ídolo santista Clodoaldo é casado com Cleri e possui duas filhas: Claudine e Simone.

O velho "Corró" esteve em campo com o sagrado manto alvinegro em 510 oportunidades, anotando 13 gols. Clodoaldo foi um jogador que representou uma nova era no Santos. Foi o último remanescente de uma geração fantástica de Pelé e Cia. O ainda garoto Clodoaldo chegou à equipe titular do Santos para substituir uma lenda chamada Zito e acabou virando outra lenda. Para sempre, ele estará dentro dos apaixonados e valentes corações santistas como um dos grandes mestres da história do Peixe.

## ZITO

O grande líder e capitão do início da era Pelé foi o senhor José Eli de Miranda, nascido no dia 8 de agosto de 1932, na cidade paulista de Roseira, localizada a 155 quilômetros de São Paulo, região do Vale do Paraíba. Talvez muitos santistas não vão conseguir se lembrar de quem foi José Eli de Miranda, mas, certamente, os santistas e todos aqueles que gostam do futebol arte se lembrarão dele pela sua alcunha: Zito. O grande capitão santista foi um dos jogadores mais emblemáticos do período áureo do Santos na era Pelé.

Quando Zito nasceu, em meio ao auge da Revolução Constitucionalista de São Paulo, a hoje cidade de Roseira nem era município, pertencendo ainda à cidade de Aparecida. Somente na metade da década de 60, a cidade foi emancipada. No entanto, quando isso aconteceu, o seu filho e cidadão mais ilustre, Zito, já atuava há um tempo com a tarja de capitão da equipe do Santos, sendo reconhecido como um dos melhores da posição no planeta, além de ser bicampeão mundial com o Santos e com a seleção brasileira.

O menino José Eli, quando criança, tinha no futebol uma grande diversão em sua vida. Adorava se juntar aos demais amigos para "rachar" uma pelada nas ruas da cidade de Roseira. Fã incondicional do goleiro palestrino Oberdan Catani, desde muito pequeno, era chamado por seus familiares de "Joselito", porém, em meio aos amigos, para simplificar ainda mais a alcunha, passou a ser chamado de "Zito", apelido pelo qual é mundialmente conhecido até os dias de hoje.

A carreira de jogador de futebol de Zito começou exatamente no Vale do Paraíba, defendendo a equipe do Roseira, em 1948, aos 16 anos de idade. Na sequência, Zito defendeu o São Paulo de Pindamonhangaba e, posteriormente, o Esporte Clube Taubaté – o popular e simpático "Burro da Central" –, com sede no município limítrofe de Roseira, Taubaté. Aos 19 anos de idade, Zito já desfilava toda a sua técnica pelos gramados da região, sendo considerado o melhor volante de todo o Vale do Paraíba. Era um volante cheio de técnica, moderno para a sua época, distante dos volantes que só sabiam destruir jogadas. Zito era daqueles jogadores que sabiam atacar e defender da mesma forma, sempre com classe e maestria.

O jogador disputava muitos jogos pela equipe do Taubaté, inclusive participava do Campeonato Paulista, tanto que seu futebol acabou sendo notado pelo Santos Futebol Clube, que não precisou desembolsar uma grande quantia para ter em seu elenco o clássico volante do Taubaté. Resumindo, Zito chegou ao Santos por um "preço de banana" para se tornar um dos maiores heróis da torcida de todos os tempos.

O "Half" (assim era chamado o volante antigamente) Zito desembarcou na Vila Belmiro às vésperas de completar 20 anos de idade, no dia 15 de junho de 1952. A estreia do volante com a camisa do Peixe aconteceu no amistoso realizado contra o time carioca do Madureira, vencido pelo time santista por 3x1. Zito permaneceu apenas como reserva no elenco santista, sendo Formiga o titular da posição. Três anos após sua chegada ao clube, o jogador ainda amargando o banco de reservas, conquistou seu primeiro título paulista com a camisa do Santos – o Campeonato Paulista de 1955.

No ano seguinte, Zito já havia conquistado a condição definitiva de titular na equipe do Santos, sendo notável e impressionante seu senso de organização no meio-campo. O jogador também se destacava na liderança, respeitado naturalmente por seus companheiros, dentro e fora de campo. Em 1956, conquista outro título, novamente o Campeonato Paulista. Ao todo, o capitão Zito levantou o caneco mais importante do estado de São Paulo em dez oportunidades: 1955, 56, 58, 60, 61, 62, 64, 65, 67 e 68.

No ano seguinte à segunda conquista de Zito com a camisa do Santos, surgiu na Vila Belmiro um menino chamado Pelé. Mais tarde, como todos sabemos, Pelé se tornou o maior jogador de futebol do mundo, apontado, sem a menor sombra de dúvidas, o atleta do século. No entanto, Zito nunca se fez de rogado quando precisava dar uma bronca no Rei dentro de campo, mesmo quando Pelé já era de fato o Rei do Futebol. Para o volante não importava quem estava ao seu lado. Se não estivesse jogando bem, Zito utilizava de sua liderança inata para chamar a atenção do companheiro. Era muito comum observá-lo dando gritos de incentivo aos seus companheiros a fim de que a equipe marcasse mais gols, mesmo com o placar já bem dilatado a favor do Santos, com a vitória garantida. Zito tinha a permissão do técnico Lula para ser o grande orientador da equipe dentro das quatro linhas. Ele era uma espécie de técnico dentro de campo. Por meio de seus passes perfeitos e posicionamento dentro de campo, o Santos conseguiu alcançar muitos resultados positivos, mesmo naqueles dias em que tudo parecia dar errado dentro de campo, pois tinha capacidade de organização. Seu perfil fez com que todos os jogadores, sem exceção, respeitassem-no, mesmo os mais renomados como Jair da Rosa Pinto, por exemplo. Até mesmo o Rei Pelé se curvava perante a liderança do "Moço de Roseira". Na Vila Belmiro, Zito ficou também conhecido como "Gerente".

A estreia de Zito com a camisa da seleção brasileira aconteceu quando o craque ainda nem havia conquistado a condição de titular absoluto do meio-campo do Santos. Em uma época em que grandes jogadores atuavam no futebol brasileiro em suas funções, como Roberto Belangero, Formiga, Bauer, Dequinha, entre outros, o jogador foi convocado pelo técnico Osvaldo Brandão para a disputa da Taça Oswaldo Cruz, entrando em campo na partida realizada contra a seleção do Paraguai, no dia 17 de novembro de 1955, no estádio do Pacaembu. Zito substituiu o volante corintiano Roberto Belangero. A partida terminou empatada em 3x3.

Zito continuou participando da seleção brasileira. Não era considerado um titular absoluto do escrete canarinho, mas sempre estava entre os convocados, alternando a titularidade com jogadores como Roberto Belangero e Dino Sani, por exemplo.

Em 1958, o jogador foi convocado pelo técnico Vicente Feola para a disputa da Copa do Mundo na Suécia. No início, Zito não era o titular, permanecendo na suplência de Dino Sani. Mas a exemplo de Pelé e Garrincha, o volante santista foi um dos três jogadores que iniciaram o mundial na reserva e entraram no time para fazer história. O Brasil iniciou a Copa do Mundo de 1958, passando pela Áustria por 3x0, no dia 8 de junho de 1958, no estádio Rimervallen Boras, em Udevalla. Na segunda partida realizada no dia 11 de junho, no estádio Nya Ullevi, em Gotemburgo, um empate morno em 0x0 contra a seleção da Inglaterra. Esse empate motivou os líderes da seleção brasileira, Bellini, Didi e Nilton Santos a solicitarem junto ao técnico Vicente Feola alterações na equipe titular. Os líderes pediram ao treinador para colocar Zito, volante mais vibrante, no lugar do "estiloso" Dino Sani, além de Pelé e Garrincha nos lugares de Mazola e Joel. De início, Feola não estava partidário da ideia, porém, como foi voto vencido, decidiu escalar Zito, Pelé e Garrincha. O volante do Santos estreou em uma Copa do Mundo no dia 15 de junho, no estádio Nya Ullevi, em Gotemburgo, contra a equipe da antiga União Soviética – do futebol "robótico" e do grande goleiro Lev Yashin. O Brasil venceu por 2x0, melhorando muito o seu desempenho dentro de campo, sendo que a equipe partiu para outras três vitórias consecutivas. Zito, Pelé e Garrincha permaneceram na equipe titular até o final da Copa, conquistando o primeiro título mundial com a seleção canarinho.

A história conta que foram de fato os líderes da seleção brasileira, Bellini, Didi e Nilton Santos que bancaram a escalação de Zito, Pelé e Garrincha no time titular do Brasil, porém, o próprio Zito pouco acredita nessa tese. O ídolo santista afirmou em entrevista recente que os jogadores da seleção brasileira não possuíam um relacionamento estreito e próximo com o comando da CBD. Não era fácil pedir mudanças ou qualquer outra coisa aos homens que dirigiam o escrete canarinho na Suécia, pois não existia uma comunicação direta entre jogadores e membros da comissão técnica. A relação era toda em grupo e nunca individualmente. Zito credita a sua entrada no time titular do Brasil por uma atitude única e exclusiva da comissão técnica da CBD. Aliás, o volante credita também o sucesso da seleção canarinho na Copa do Mundo de 1958, ao fato da equipe ter se profissionalizado em termos de comissão técnica, quando, pela primeira vez na história, houve o comprometimento e o profissionalismo em torno de uma estrutura séria e necessária para conquistar um título mundial, além dos vários talentos, assim como o próprio Zito, que surgiram na época certa para o escrete canarinho. Zito relatou que a disciplina e organização eram coisas "frouxas" na seleção brasileira até a Copa do Mundo na Suécia em 1958.

Em 1962, o jogador é novamente convocado para uma Copa do Mundo, dessa vez no Chile, onde foi o titular absoluto do técnico Aymoré Moreira durante a campanha do bicampeonato mundial. O grande craque santista repetiu o meio-campo de sucesso de quatro anos antes na Suécia ao lado de Didi. O grande momento de Zito no mundial foi na partida final realizada no dia 17 de junho de 1962, no estádio Nacional, em Santiago, contra a seleção da Tchecoslováquia.

No início da partida, o time tcheco encurralou o escrete canarinho e abriu o marcador com Masopust aos 15 minutos do primeiro tempo. O Brasil chegou ao empate com Amarildo 2 minutos depois. No segundo tempo, o Brasil sentia o peso da idade de alguns de seus jogadores já considerados veteranos, como o próprio Zito, na época com quase 30 anos de idade, além do grande preparo físico da seleção tcheca, que havia chegado à decisão em seu auge, podendo até mesmo surpreender e superar um adversário com nível técnico superior como o Brasil. Mas, enfim, o escrete canarinho conquistou a virada exatamente com um de seus já considerados "veteranos". Zito marcou aos 23 minutos do segundo tempo, quando Amarildo desceu pela esquerda, já no interior da grande área, deu um corte no marcador tcheco e cruzou de perna direita para Zito, que entrava nas costas do goleiro Schroif. O ídolo do Peixe tocou de peito para o fundo das redes tchecas. Zito confessou que marcar um gol em uma final de Copa de Mundo é a maior alegria que um jogador de futebol pode ter em sua vida profissional. Ele confirma que já viu esse gol inúmeras vezes, mas vibra como se fosse a primeira vez sempre que assiste novamente ou relembra o lance. Zito tem até um pôster enorme do lance em sua casa. Aos 32 minutos do segundo tempo, Vavá completa o placar marcando o terceiro gol canarinho, conquistando o Brasil o bicampeonato mundial no Chile.

A grande ausência do grupo brasileiro na Copa do Chile foi o Rei Pelé, que se contundiu na segunda partida do mundial, no empate em 0x0 contra a Tchecoslováquia, no dia 2 de junho de 1962, no estádio de Sausalito, em Viña Del Mar. Pelé se machucou após um chute que explodiu na trave tcheca e que acabou lhe ocasionando um estiramento muscular na virilha, que o afastaria do restante da Copa. Zito confessou que a ausência de Pelé no restante do mundial foi um grande baque para todo o elenco. Afinal de contas, o Rei, como não poderia deixar de ser, tinha uma grande importância no time. Mas, se por um lado, a contusão de Pelé foi maléfica ao elenco, por outro serviu para que o grupo se unisse em torno da conquista, dando forças a Amarildo, substituto de Pelé, que desempenhou grande papel na Copa, considerado por Zito como o jogador mais importante na decisão contra a Tchecoslováquia, bem como Garrincha, que assumiu de vez o papel de estrela da equipe na falta de Pelé.

Em 1966, o jogador fez parte da lista dos 47 convocados para a Copa do Mundo da Inglaterra. Sob o comando de Vicente Feola, Zito foi um dos pré-convocados para o mundial, sendo que sua convocação final foi confirmada posteriormente. A enorme lista foi elaborada politicamente pela comissão técnica da CBD na preparação do grupo que viajaria à Inglaterra, devido à extrema pressão dos dirigentes dos clubes do eixo Rio-São Paulo. Decidiu-se relacionar esse número excessivo de jogadores na lista inicial para que ninguém ficasse descontente. Dessa forma, foi convocado o seguinte grupo para o período de treinamentos em Serra Negra, interior de São Paulo e Caxambu, interior de Minas Gerais: Goleiros – Fábio (São Paulo), Gylmar (Santos), Manga (Botafogo), Ubirajara Mota (Bangu) e Valdir (Palmeiras); Laterais – Carlos Alberto Torres (Santos),

Djalma Santos (Palmeiras), Fidélis (Bangu), Murilo (Flamengo), Édson Cegonha (Corinthians), Paulo Henrique (Flamengo) e Rildo (Botafogo); Zagueiros – Altair (Fluminense), Bellini (São Paulo), Brito (Vasco), Ditão (Flamengo), Djalma Dias (Palmeiras), Fontana (Vasco), Leônidas (América/RJ), Orlando Peçanha (Santos) e Roberto Dias (São Paulo); Apoiadores – Denílson (Fluminense), Dino Sani (Corinthians), Dudu (Palmeiras), Edu (Santos), Fefeu (São Paulo), Gérson (Botafogo), Lima (Santos), Oldair (Vasco) e Zito (Santos); Atacantes: Alcindo (Grêmio), Amarildo (Milan), Célio (Vasco), Flávio (Corinthians), Garrincha (Corinthians), Ivair (Portuguesa de Desportos), Jair da Costa (Inter de Milão), Jairzinho (Botafogo), Nado (Náutico), Parada (Botafogo), Paraná – (São Paulo), Paulo Borges (Bangu), Pelé (Santos), Servílio (Palmeiras), Rinaldo (Palmeiras), Silva (Flamengo) e Tostão (Cruzeiro). Dos 47 politicamente convocados por Feola, apenas 22 viajaram de fato para a Inglaterra, e o Brasil acabou com a vexatória décima primeira colocação em um mundial em que tudo deu errado, a começar pelo período de preparação. Os 22 escolhidos foram Gylmar e Manga (goleiros); Djalma Santos, Fidélis, Paulo Henrique e Rildo (laterais); Bellini, Altair, Brito e Orlando Peçanha (zagueiros); Denílson, Lima, Gérson e Zito (apoiadores); Garrincha, Edu, Alcindo, Pelé, Jairzinho, Silva, Tostão e Paraná (atacantes).

Porém, na Inglaterra, Zito permaneceu na reserva de Lima, não atuando em nenhuma das três partidas da vexatória participação brasileira no mundial. A última partida de Zito com a camisa da seleção brasileira aconteceu no dia 25 de junho de 1966, contra a seleção da Escócia, no amistoso realizado no estádio Hampden Park, em Glasgow, cujo placar apontou o empate em 1x1. Em sua partida de despedida, fez dupla de meio-campo ao lado de Gérson, o "Canhotinha de Ouro". O craque do Santos esteve em campo com a camisa amarelinha em 52 jogos, anotando 3 gols.

O Santos dominou o cenário futebolístico por todo o período da era Pelé. A equipe conquistou em cinco oportunidades consecutivas, o título da Taça Brasil, sendo disparada a equipe recordista de títulos do torneio. A Taça Brasil foi um campeonato criado para apontar os representantes brasileiros na Taça Libertadores da América, inspirado nos moldes do campeonato nacional de seleções estaduais. O volante Zito esteve presente em todas as conquistas do Peixe na Taça Brasil em 1961, 1962, 1963, 1964 e 1965. A primeira conquista do Santos na Taça Brasil aconteceu em 1961, em cima do Bahia, vingando a perda do título de 1959, exatamente para o time da boa terra, na primeira edição do torneio. A Taça Brasil de 1961 foi disputada entre 18 equipes, e os representantes de São Paulo e Rio de Janeiro entravam na fase final da competição.

O Santos enfrentou nas semifinais o representante carioca, América, campeão estadual do Rio de Janeiro em 1960, que já havia eliminado o Palmeiras. O Peixe se classificou para a final após vencer o primeiro jogo no dia 11 de novembro de 1961, no estádio de São Januário, por 6x2. Na segunda partida realizada na Vila Belmiro no dia 19 de novembro de 1961, o Santos foi surpreendido com uma derrota por 1x0. Como o regulamento da competição previa uma terceira partida de desempate se houvesse igualdade no número de pontos, Santos e América entraram em campo novamente no dia 21 de novembro, no estádio do Pacaembu. O Peixe não fez por menos e mandou 6x1 em cima do pobre América, classificando-se para a grande decisão.

A primeira partida da grande final aconteceu no dia 22 de dezembro, no estádio da Fonte Nova, na Bahia. O placar apontou o empate em 1x1. Na segunda partida realizada no dia 27 de dezembro, no estádio do Pacaembu, com uma grande atuação, o Santos goleou o Bahia por 5x1, com 3 gols de Pelé e 2 de Coutinho.

Nos anos 60, Zito conquistou as maiores glórias com a camisa do alvinegro praiano, com o bicampeonato da Taça Libertadores da América e do Mundial Interclubes em 1962 e 1963. Realizou dois lançamentos perfeitos para Pelé e Coutinho marcarem sobre o Benfica de Portugal na final do Mundial Interclubes de 1962 que muitos consideram como a partida mais perfeita da história do Santos Futebol Clube de todos os tempos.

Zito atuou no Santos até 1968, ano em que conquistou seu último título na Vila Belmiro, o décimo Campeonato Paulista de sua vida. Zito despediu-se do Peixe, deixando a camisa número 5 para um jovem, que assim como ele, também se tornaria uma lenda viva na história do Santos: Clodoaldo.

O jogador despediu-se do futebol dentro de campo, mas permaneceu ainda muito ligado ao Santos, clube que, segundo ele, é o seu grande amor, sua vida. O ídolo continuou vivendo na cidade e atuou no clube em vários cargos, como auxiliar técnico, diretor de futebol, gerente e vice-presidente, e nessa função conquistou os títulos de campeão paulista em 1978 e 1984. Foi um dos responsáveis pelo surgimento de jogadores da base santista como Diego e Robinho. A imagem e conduta de Zito no Santos são tão consolidadas, que o velho capitão é tido na Vila como uma espécie de conselheiro e chegou até mesmo a opinar sobre a saída de Robinho do clube para o Real Madrid em 2005.

As homenagens também fazem parte de sua vida. O craque virou nome de centro esportivo em Pindamonhangaba, cidade vizinha à Roseira. No "Centro Esportivo José Eli de Miranda", muitos garotos aprimoram-se no esporte, onde, quem sabe um dia, um novo representante da região do Vale do Paraíba possa despontar no cenário esportivo mundial.

Zito atuou em 727 jogos com a camisa do Santos, marcando 53 gols. O craque santista foi o grande líder de uma geração de sonho, representando a disciplina e a organização de uma equipe que jogava por música, passando por cima de qualquer adversário em qualquer situação. Um jogador que impõe respeito até mesmo para o Rei, certamente, deve ser ovacionado por todos. O melhor time do mundo só poderia mesmo ter um capitão da categoria e retidão de Zito, um dos melhores volantes do mundo de todos os tempos.

## ROBINHO

Nunca, em toda a história do Santos Futebol Clube, um jogador foi tantas vezes comparado a Pelé como o menino Robson de Souza, nascido em São Vicente, Santos, no dia 25 de janeiro de 1984. Robinho, como ficou mundialmente conhecido, trouxe de volta à Vila Belmiro o mesmo estilo moleque (guardadas as devidas proporções) e genial, que um dia, no passado, o Rei havia trazido ao clube.

O garoto Robson, filho do encanador da Sabesp Gilvan e da dona de casa Marina, passou toda a sua infância vivendo no humilde bairro do Parque Bitaru, situado na periferia de São Vicente. Desde muito pequeno, a principal distração de Robinho foi a bola – o garoto não pensava em outra coisa senão em jogar futebol. Robinho gostava tanto de jogar bola com os amigos nos campinhos de terra de São Vicente, que em diversas ocasiões, preferiu trocar a mistura do almoço a uma partida de futebol. Era corriqueiro dona Marina pedir a Robinho ir ao açougue do bairro comprar carne para o almoço. O menino atendia ao pedido da mãe, porém, era muito difícil a carne chegar à mesa, já que no caminho de volta, Robinho sempre dava uma paradinha em um campinho de futebol qualquer, deixando a carne junto à trave para fazer aquilo que mais gostava: jogar futebol. A carne do almoço fazia a alegria dos cachorros da redondeza, que se deliciavam com o "almoço fácil" que Robinho lhes propiciava.

Foi exatamente nessas peladas que o menino Robson passou a ser chamado de Robinho, em razão de sua baixa estatura e físico franzino. Assim, em todos os bate-bolas em campo o "Robinho" estava sempre presente.

Sabedores que o futebol estava mais do que nunca no sangue de Robinho, seus pais resolveram aceitar o convite de um olheiro do hoje extinto time de futebol de salão do Esporte Clube Beira-Mar (atualmente no local existe uma quadra que leva o nome do craque), a fim de que Robinho ingressasse na categoria mamadeira do clube. Mesmo muito pequeno, Robinho já fazia a alegria dos torcedores que acompanhavam suas partidas, com seus dribles desconcertantes e seus vários gols. Com apenas 9 anos de idade, o menino havia marcado 73 gols em uma única temporada no futebol de salão. A troca dos campos de terra pelas quadras ajudou a aumentar a habilidade de Robinho com a bola nos pés.

O jogador acabou sendo notado por outros clubes, tanto que o técnico da Associação Atlética dos Portuários, Roberto Antônio dos Santos, o popular "Betinho", convidou Robinho para atuar no clube em 1994. Da Associação Atlética dos Portuários para a vizinha Vila Belmiro, foi pouco tempo. Quando Robinho percebeu, já estava treinando no time de futebol de salão do Santos Futebol Clube.

Em 1996, o jogador ficou sabendo que a categoria de base do Santos estava selecionando garotos para o futebol de campo. Interessado na empreitada, ele, que já enxergava definitivamente no futebol um belo horizonte para vencer na vida, decidiu realizar o teste, sendo aprovado e realizando a feliz e definitiva transição do salão para os gramados.

O início de Robinho no Santos lhe trouxe uma grande amizade, o também garoto Diego, que posteriormente, junto com Robinho, igualmente faria história no clube. Os dois estavam sempre juntos, eram grandes amigos, para falar a verdade, eram verdadeiros irmãos.

Nas categorias de base do Peixe, a dupla Robinho e Diego era observada com carinho, e muitos depositavam neles um futuro muito promissor na equipe santista. Porém, Robinho era o coadjuvante, e quem brilhava mais era Diego. Nas ocasiões em que os diretores observavam a dupla em campo, quem chamava mais a atenção era o meia Diego. O atacante Robinho permanecia, de certa forma, em segundo plano, mas não menos aguardado para o futuro.

Em 1999, o Santos resolveu colocar como coordenador, em sua categoria de base, ninguém menos que o Rei Pelé. O eterno craque chegou à Vila Belmiro e se encantou com a habilidade, o raciocínio e os gols do menino Robinho. Em entrevista à televisão, Pelé declarou que, ao ver Robinho em campo, lembrou-se de sua infância e dos tempos em que estava começando no futebol. Disse também que o menino teria tudo para ser um grande jogador, porém, precisava ser lapidado, devendo cuidar da alimentação para que pudesse adquirir um físico melhor. Robinho, então com 15 anos de idade e 3 anos de futebol de campo, passou a ter seu primeiro grande momento de fama quando foi entrevistado, motivando, inclusive, a equipe do Globo Esporte a realizar uma matéria em sua casa. Na ocasião, seus pais declararam que Robinho era um bom garoto. O único defeito do menino era dormir demais, disse o pai, enquanto que sua mãe disse que ele não se alimentava direito, confirmando a tese do Rei.

Robinho continuou trilhando seu caminho nas categorias de base do clube, ainda como coadjuvante. Com a conquista do título paulista sub-17 em 2001, o jogador enfim começava a demonstrar que poderia ser o grande jogador que se esperava, subindo para o time profissional do Santos junto com o inseparável amigo Diego.

A estreia de Robinho no time profissional do Santos aconteceu sob o comando do técnico Celso Roth, na partida realizada na Vila Belmiro, contra o Guarani, pelo Torneio Rio-São Paulo de 2002, quando o Santos venceu por 2x0.

Com o início do Campeonato Brasileiro no segundo semestre de 2002, o comando técnico da equipe santista passou a ser de responsabilidade de Emerson Leão. O polêmico treinador teria uma difícil missão pela frente: levar a equipe ao Campeonato Nacional, contando basicamente com um time de garotos revelados na categoria de base do clube, já que o Santos se encontrava sem dinheiro e não pretendia reviver a experiência do ano anterior, contando com uma equipe recheada de "medalhões" como Carlos Germano, Rincón e Edmundo, por exemplo, que apenas oneravam o clube sem trazer nenhum retorno. O técnico Leão nem conhecia direito os garotos com os quais teria que trabalhar durante o Brasileirão de 2002. Para se ter uma ideia, Leão conhecia Robinho apenas como o "moreno de canelas finas". O primeiro teste para a garotada do Peixe – que além de Robinho, contava também com o amigo Diego, os então desconhecidos, Alex, Paulo Almeida, Maurinho e os desacreditados Elano, Renato, Léo, Alberto e Fábio Costa – foi um amistoso realizado na Vila Belmiro, contra o rival Corinthians, no dia 27 de julho de 2002. O forte Corinthians do técnico Carlos Alberto Parreira era o atual campeão da Copa do Brasil e do Torneio Rio-São Paulo. Mas a nova versão dos "Meninos da Vila" não se importou nem um pouco com isso e mandou 3x1 para cima do Corinthians. Aos poucos, Leão começava a conhecer a equipe na qual iria trabalhar durante o Campeonato Brasileiro de 2002.

O Santos começou o Campeonato na condição de mero figurante. Alguns acreditavam que a jovem equipe santista poderia até mesmo ser uma séria candidata ao rebaixamento. Título, nem pensar. O Santos já estava há 18 anos na fila e parecia estar conformado com mais um ano sem conquistas, formando uma equipe para começar a dar frutos a longo prazo.

Mas, ao contrário do que se imaginava, o time jovem do Santos começava a realizar uma boa campanha no Brasileirão. Derrotou alguns fortes adversários e passou a ser observado com melhores olhos. O time jogava descontraidamente e não parecia ter muito compromisso. O futebol moleque de Diego e Robinho encantava os torcedores. Os jogadores, que outrora eram desconhecidos e desacreditados, passaram a ser gratas realidades do time da Vila.

A equipe chegou à última rodada da fase de classificação brigando pela vaga ao octogonal decisivo, mas acabou sendo derrotada pelo São Caetano, que se classificou em segundo lugar, no estádio Anacleto Campanella, por 3x2, passando então a depender de uma vitória do já rebaixado Gama sobre o Coritiba, para no saldo de gols, ultrapassar o Cruzeiro e ficar com a última vaga. A equipe do Distrito Federal surpreendeu no estádio Mané Garrincha e venceu por 4x0 e os "Meninos da Vila" puderam enfim comemorar a classificação, que naquela altura já era mais do que dever cumprido e para muitos já soava como um título para aquela geração ainda em formação.

Nas quartas de final, o Santos, como oitavo colocado, encarou pela frente o favorito ao título, São Paulo, primeiro colocado na classificação geral. No primeiro duelo, realizado na Vila Belmiro, no dia 24 de novembro de 2002, o Santos mandou 3x1 para cima do São Paulo, com gols de Alberto, Robinho e Diego. Kaká descontou para o São Paulo. Assim, o Santos revertia para si a vantagem do empate no segundo jogo. Mas o que muitos não acreditavam aconteceu. No segundo duelo, realizado no Morumbi, no dia 28 de novembro de 2002, o Peixe, de virada, após Luís Fabiano abrir o marcador para o São Paulo, fez 2x1 com Léo e Diego. O amigo de Robinho, Diego, já havia marcado sobre o São Paulo na fase de classificação, quando, na comemoração de forma polêmica, subiu no distintivo do São Paulo, localizado na lateral do Morumbi, levando à loucura a torcida do Santos e ao ódio a torcida do São Paulo.

Nas semifinais, novamente o Santos não era o favorito nem tinha a vantagem dos empates. O adversário da vez seria o Grêmio, quinto colocado na classificação geral. O primeiro embate aconteceu no dia 1º de dezembro de 2002, na Vila Belmiro, e o Peixe destruiu o time gaúcho por 3x0, com 2 gols de Alberto e um de Robinho. No segundo jogo, realizado no estádio Olímpico, no dia 4 de dezembro, o Santos acabou sendo derrotado por 1x0, porém, esse resultado não foi suficiente, já que o time da Vila havia novamente retomado para si a vantagem, classificando-se no saldo de gols. Assim, o time dos "Meninos da Vila" chegava inacreditavelmente à final do Campeonato Brasileiro de 2002, quando teriam pela frente o bom Corinthians, que havia desclassificado adversários como Fluminense e Atlético Mineiro, aplicando uma goleada histórica por 6x2, em pleno Mineirão, na primeira partida das quartas de final. O time do Parque São Jorge se classificou na primeira fase como terceiro colocado e era o detentor da vantagem dos empates na grande final. O Santos novamente não era o favorito.

O primeiro jogo da decisão aconteceu no nublado domingo de 8 de dezembro de 2002, no estádio do Morumbi. O Santos em campo envolveu o Corinthians e venceu por 2x0, com gols de Alberto e Renato. Novamente, o time da Vila Belmiro retomava para si a vantagem do empate na segunda partida. O segundo duelo aconteceu no dia 15 de dezembro, no mesmo Morumbi. Para o Corinthians, somente a vitória interessava. Ao Santos, bastava um empate.

O Corinthians começou arrasador, mas esbarrou nas incríveis defesas do goleiro Fábio Costa, que, em diversas oportunidades, salvou a equipe de levar gols certos do Corinthians, como na cabeçada à queima-roupa do centroavante Guilherme, logo no início do jogo. O Santos foi equilibrando as ações e passou a envolver o Corinthians, tanto que Robinho, ainda no primeiro tempo, realizou a jogada pela qual ficaria definitivamente famoso no mundo todo. O jogador desceu pela esquerda, tendo pela frente o lateral Rogério, um dos melhores e mais respeitados jogadores do Corinthians, tanto pela crítica como pela torcida. Robinho então começou a passar o pé em cima da bola com movimentos circulares e, ao mesmo tempo, partia em direção ao gol, a famosa "pedalada".

Rogério, desesperado, foi se afastando e quando percebeu já estava no interior da grande área. Após aplicar oito "pedaladas" consecutivas em cima do lateral mosqueteiro, Robinho cortou para a esquerda. Rogério, como um último recurso, derrubou Robinho, pênalti. O próprio atacante cobrou aos 37 minutos do primeiro tempo, fazendo 1x0 para o Santos. O Corinthians chegou a virar o placar com Deivid e Anderson aos 30 e aos 39 minutos do segundo tempo respectivamente, mas foi apenas um susto. O Santos, que nos últimos anos, vinha se acostumando a perder conquistas no final do jogo, como por exemplo, na semifinal do Campeonato Paulista de 2001 contra o próprio Corinthians, virou novamente o jogo com Elano e Léo aos 43 e aos 47 minutos do segundo tempo respectivamente.

O Peixe vencia por 3x2 e após 18 anos de longa fila sem títulos, voltava a gritar: "É Campeão!". E por ironia do destino, o Santos conquistou o título brasileiro exatamente com uma geração de desacreditados garotos, que passou por todas as dificuldades possíveis e imagináveis, com a estrela de um menino chamado Robinho fazendo a diferença.

O Santos conquistou o título brasileiro de 2002 em cima do seu maior rival, o Corinthians. Assim como Pelé, Robinho também foi um grande algoz do time do Parque São Jorge. Quando Robinho esteve em campo, jamais o Corinthians conseguiu vencer o Santos. Mas não foi apenas com a camisa do Peixe que Robinho se manteve invicto contra o Timão. Quando o atacante atuou contra o Corinthians defendendo a seleção brasileira pré-olímpica, em um amistoso de preparação realizado no dia 15 de novembro de 2003, no estádio Teixeirão em São José do Rio Preto, acabou novamente saindo como vencedor. O placar da partida apontou 2x0 para a seleção canarinho. Robinho, como de costume, marcou o seu. O outro tento foi assinalado pelo zagueiro Edu Dracena, de cabeça. A partida terminou com a vitória da seleção brasileira olímpica por 2x0, deixando Robinho sua marca. O craque das pedaladas sempre deixava seus gols em cima do rival Corinthians.

No ano seguinte, em 2003, Robinho foi convocado pela primeira vez para a seleção brasileira. Sob o comando de Ricardo Gomes, o jogador do Santos foi chamado para a disputa da Copa Ouro (o Brasil disputou a competição com a seleção olímpica). O jogador entrou em campo pela primeira vez defendendo o escrete canarinho na final da competição contra a seleção do México, no dia 27 de julho de 2003, no estádio Azteca, na Cidade do México. O Brasil foi derrotado por 1x0 com um gol de ouro de Osorno, aos 7 minutos do primeiro tempo da prorrogação.

Ainda em 2003, chegou à final da Taça Libertadores da América, quando o Santos acabou sendo superado pelo Boca Juniors da Argentina. Em 2004, Robinho foi uma das grandes estrelas do time que disputou o torneio pré-olímpico no Chile. Brasil e Argentina eram as seleções favoritas à vaga para Atenas, porém, o Brasil decepcionou e perdeu a vaga para o Paraguai.

No retorno ao Brasil, Robinho era um dos mais cobrados pelo resultado negativo da seleção brasileira no pré-olímpico, porém, com personalidade respondeu que grandes jogadores como Ronaldo, por exemplo, não conseguiram sucesso nos jogos olímpicos, mas conseguiram dar a volta por cima.

No Campeonato Brasileiro de 2004, o segundo disputado em sistema de pontos corridos, o Santos conquistou o bicampeonato. Com a venda de Diego ao futebol português, Robinho assumiu de vez a condição de maior estrela do time do Santos. Após o título brasileiro de 2004, começaram especulações de uma possível saída de Robinho para o futebol europeu, mesmo com o seu contrato prorrogado até 2008.

Ainda em 2004, Robinho viveu o pior momento de sua vida, com o sequestro de sua mãe, no mês de novembro. O problema afastou o craque de várias rodadas do Campeonato Brasileiro, abalando drasticamente seu estado emocional. Quando tudo se resolveu e Robinho retornou à equipe, mesmo atuando em um número reduzido de partidas, terminou a competição com 21 gols marcados.

Em 2005, Robinho se despede do Santos, rumando para o futebol da Espanha, contratado pelo Real Madrid, em uma tumultuada transação que girou em torno de 30 milhões de dólares. Um dos motivos que fizeram o craque deixar o futebol brasileiro foi a falta de segurança do país, já que a sua mãe havia sido sequestrada no ano anterior. Enquanto a transação de Robinho se desenrolava, o jogador aguardava o desfecho em sua casa fazendo o que mais gostava além do futebol, jogando videogame!

Em 2006, Robinho foi convocado pela primeira vez para a disputa de uma Copa do Mundo na Alemanha, em 2006. O jogador, convocado por Carlos Alberto Parreira, era a primeira opção no banco de reservas para o ataque chamado "Quadrado Mágico", que contava com Kaká, Ronaldinho Gaúcho, Ronaldo e Adriano. A seleção brasileira era a favorita à conquista do título. Havia muita badalação em torno da equipe de Parreira.

Robinho, de fato, era reserva do escrete canarinho na Alemanha, mas era muito solicitado pela torcida. O craque fez sua estreia em uma Copa do Mundo no dia 13 de junho de 2006, na primeira partida do Brasil no mundial, contra a seleção da Croácia, no estádio Berliner Olympiastadion, em Berlim. Robinho entrou em campo com a camisa número 23, substituindo o centroavante Ronaldo.

Na Alemanha, o jogador se transformou no décimo segundo titular da seleção brasileira, mas infelizmente, assim como todo o grupo, acabou sucumbindo novamente perante a França, adiando por mais quatro anos o sonho da conquista do hexa.

Em 2007, o jogador foi convocado pelo técnico Dunga para a disputa da Copa América realizada na Venezuela. O Brasil conquistou o título brilhantemente em cima da Argentina, batendo nossos "hermanos" por 3x0, na grande decisão realizada no dia 15 de julho de 2007, no estádio José Pachencho Romero, em Maracaibo, com gols de Júlio Baptista, Ayala contra e Daniel Alves. Além de conquistar a artilharia do torneio com 6 gols, Robinho foi também escolhido como o melhor jogador da Copa América de 2007.

No ano seguinte, foi novamente convocado para uma importante participação na seleção brasileira: os Jogos Olímpicos de Pequim. Robinho foi um dos jogadores, com idade superior a 23 anos, convocados pelo técnico Dunga. No entanto, seu clube, o Real Madrid, resolveu não liberar o atleta, alegando uma pubalgia (contusão na região púbica, muito comum em homens praticantes de esportes). Em seu lugar foi chamado o volante cruzeirense Ramires de 21 anos.

No Real Madrid, Robinho conquistou, em duas ocasiões, o título espanhol nas temporadas 2006/2007 e 2007/2008. Na temporada 2006/2007, o jogador, sob o comando do treinador italiano Fábio Capello, perdeu a posição de titular na equipe. Com a chegada do treinador alemão Bernd Schuster, o craque voltou ao time titular do clube, usando a camisa 10.

Em 2008, contudo, desentendeu-se com o treinador e o clube, pedindo para ser negociado com o Chelsea da Inglaterra. Robinho declarou que não estava satisfeito com o tratamento que era dispensado a ele pela diretoria e comissão técnica do clube. O jogador acabou deixando o Real Madrid, não para o Chelsea como idealizava, mas para outro clube inglês, o Manchester City, pela importância de 32,5 milhões de libras (cerca de 100 milhões de reais). Logo em sua estreia pelo clube, no dia 13 de setembro de 2008, exatamente contra a equipe do Chelsea, Robinho, aos 13 minutos do primeiro tempo, marcou um gol de falta. O novo camisa 10 do clube inglês, na comemoração, repetiu o gesto pelo qual ficou famoso após fazer seus gols, correndo com o dedo polegar na boca, em homenagem ao filho Robson de Souza Júnior, o "Robinho Júnior". O Chelsea virou o marcador, vencendo a partida por 3x1, mas Robinho, logo em sua estreia, já havia deixado bem claro o que poderia fazer no futebol inglês.

Mas infelizmente, o reinado de Robinho na terra da rainha não foi o esperado. Desmotivado, o jogador não reeditou suas boas atuações de outrora e muitas vezes chegou a ficar no banco de reservas. A diretoria do Santos não pensou duas vezes e repatriou Robinho à Vila Belmiro por empréstimo, em 2010. No Santos, Robinho juntou-se a outros meninos, como Neymar e Paulo Henrique Ganso, que assim como ele e Diego no passado, hoje encantam a torcida com seu futebol mágico. O casamento foi perfeito. Robinho, Neymar e Paulo Henrique Ganso formaram a base ofensiva arrasadora da equipe, conquistando o título de campeão paulista de 2010 e o status de melhor equipe do Brasil, aquela que jogava o futebol mais bonito. De volta à velha forma, Robinho foi chamado por Dunga para defender a seleção brasileira na Copa do Mundo de 2010, na África do Sul. Após sua participação no mundial, com a pífia participação da seleção brasileira, Robinho retornou ao Santos para conquistar outro título, dessa vez a inédita Copa do Brasil de 2010, em cima do Vitória da Bahia. Após essa conquista, o contrato de empréstimo com o Santos expirou e, Robinho, retornou ao Manchester City. Porém, o retorno de Robinho à Inglaterra foi efêmero; no final de agosto de 2010 o jogador foi contratado pelo Milan, por uma quantia próxima de 40 milhões de reais. No time italiano Robinho vestiu a camisa número setenta.

Com a camisa do Peixe, o craque foi o vencedor do prêmio Bola de Prata da revista brasileira Placar em 2002 e 2004, conquistando a Bola de Ouro em 2004.

O futebol moleque de Robinho impressionou e emocionou até mesmo Pelé, o Rei do Futebol, fazendo o craque reviver seu início glorioso no esporte. Por onde Robinho atuar, em qualquer equipe do mundo, certamente, jamais se esquecerá de seu verdadeiro time de coração: o Santos. Seus dribles, gols, pedaladas e genialidade, por sua vez, também serão eternos para os torcedores do Santos Futebol Clube.

## BIBLIOGRAFIA

**LIVROS**
Almanaque do Corinthians (Celso Unzelte)
Almanaque do Corinthians 1ª edição

Almanaque do Flamengo (Roberto Assaf e Clóvis Martins)
Almanaque do Palmeiras (Celso Unzelte e Mário Sérgio Venditti)
Almanaque do São Paulo (Alexandre da Costa)
Almanaque Interativo dos mundiais (Lance! Publicações).
Top 10 Timão (André Martinez)

## REVISTAS
Grandes reportagens de Placar
Guia Brasileirão 2006 Placar (Placar)
Isto é Gente
Revista Já – Histórias das Copas 1930 – 1994 (Diário Popular)
Revista Veja

## JORNAIS
A Gazeta (São Paulo, SP)
A Gazeta Esportiva (São Paulo)
Agora, Palmeiras campeão do mundo, suplemento especial (São Paulo)
Diário de São Paulo (São Paulo, SP)
Diário Popular (São Paulo, SP)
Folha de São Paulo (São Paulo, SP)
Jornal da Tarde (São Paulo, SP)
Lance! (São Paulo)
Notícias Populares (São Paulo, SP)
O Diário de Mogi (Mogi das Cruzes, SP)

## SITES
www.almanaque.folha.uol.com.br
www.alvinegropraiano.futblog.com.br
www.andremartinezblog.com
www.baleiao.com.br
www.blog-azul-cruzeiro.
  blogspot.com
www.bol.com.br
www.botafogocoracao.com.br
www.campeoesdofutebol.com.br

www.campeonatocarioca.kit.net
www.canal100.com.br
www.cartaovermelho.esp.br
www.causosdabola.com.br
www.cbf.com.br
www.cbfnews.uol.com.br
www.colegiosaofrancisco.com.br
www.colunas.globoesporte.com
www.cway.com.br

www.duplipensar.net
www.espnbrasil.terra.com.br
www.esportes.terra.com.br
www.estadao.com.br
www.estado.com.br
www.eternosantos.com
www.explorevale.com.br
www.flaestatistica.com
www.flumania.com.br
www.folha.uol.com.br
www.futebolsergipano.com.br
www.futepoca.com.br
www.gardenal.org
www.gazetaesportiva.net
www.geocites.com
www.giginarede.com.br
www.globoesporte.globo.com
www.guiadoscuriosos.ig.com.br
www.jornallivre.com.br
www.jornalvicentino.com.br
www.lancenet.com.br
www.miltonneves.com.br
www.museudosesportes.com.br
www.netvasco.com.br

www.novomilenio.inf.br
www.ofuxico.terra.com.br
www.papodebola.com.br
www.peixefc.kit.net
www.revistaepoca.globo.com
www.rivellinosportcenter.com.br
www.robinhoofficial.com
www.santistaroxo.com.br
www.santos.globo.com
www.santoseterno.blogspot.com
www.saphyra.com.br
www.terra.com.br
www.top10timao.com.br
www.torcidajovem.com.br
www.tricolormania.com.br
www.truveo.com
www.tudook.com
www.uol.com.br
www.utopianvision.co.uk
www.veja.abril.com.br
www.video.globo.com
www.webrun.uol.com.br
www.wikipedia.org
www.youtube.com